新领军者（二）

——大连市第二批领军人才培养工程人选风采

大连市人力资源和社会保障局　组编

大连理工大学出版社

图书在版编目(CIP)数据

新领军者 ：大连市第二批领军人才培养工程人选风采．二 / 大连市人力资源和社会保障局组编．— 大连 ：大连理工大学出版社，2017.5
ISBN 978-7-5685-0733-2

Ⅰ．①新… Ⅱ．①大… Ⅲ．①人物－先进事迹－大连－现代 Ⅳ．①K820.831.3

中国版本图书馆 CIP 数据核字(2017)第 041454 号

大连理工大学出版社出版
地址：大连市软件园路 80 号　邮政编码：116023
发行：0411-84708842　邮购：0411-84703636　传真：0411-84701466
E-mail：dutp@dutp.cn　URL：http://dutp.dlut.edu.cn
大连金华光彩色印刷有限公司印刷　大连理工大学出版社发行

幅面尺寸：170mm×230mm　印张：15.25　字数：242 千字
2017 年 5 月第 1 版　2017 年 5 月第 1 次印刷

责任编辑：邵　婉　张　娜　责任校对：婧　萱
封面设计：奇景创意

ISBN 978-7-5685-0733-2　定　价：65.00 元

《新领军者(二)——大连市第二批领军人才培养工程人选风采》

编 委 会

序 INTRODUCTION

大连市领军人才是各行各业中具有较强自主创新能力、发展潜力较大、专业贡献突出、引领作用显著、团队效应明显的高层次专业技术人才。因此，领军人才对于提高我市企业竞争力、行业竞争力、城市竞争力具有极其重要的作用。在大连市加快建设产业结构优化的先导区和经济社会发展的先行区，向富庶、美丽、文明的现代化国际城市迈进的时代背景下，不断展示大连市领军人才的成长历程，介绍他们的科研成果，宣传他们的先进理念，对于我市形成良好人才生态环境，具有十分重要的意义。

大连市为培养、造就一支具有全国乃至世界一流水平的领军人才队伍，于 2012 年开展了首批领军人才选拔，102 名专业技术人才入选；于 2014 年开展了第二批领军人才选拔，105 名专业技术人才入选。《新领军者（二）——大连市第二批领军人才培养工程人选风采》一书所收录的是大连市第二批领军人才的事迹。虽然他们的研究领域、学术背景、人生经历各不相同，但却都有着辛勤耕耘的丰硕成果、感人至深的心路历程。该书不仅内容多样，涵盖了我市制造、电子信息、交通与环境土建、农林牧渔水与食品、材料与能源、生化与药品、医疗卫生、文化教育、财经与法律等多个专业领域领军人才的业绩，而且内涵丰富，集中展示了大连市领军人才开拓进取、献身事业、奋力攀登、敢为人先的精神，意境深远。

党的十八大以来，习近平总书记多次对人才工作做出重要指示，我国“十三五”规划纲要将“人才优先发展”确立为国家战略。大连市第十二次党代会提出，要大力实施人才强市战略，牢固树立“大人才观”，全面落实人才创新政策，不断提高服务能力，打造吸引各类人才的强磁场，使大连成为东北地区乃至我国重要的人才集聚高地。时代发展为人才创新、创业提供了宽广舞台。时代呼唤人才，时势造就人才。我们将以领军人才为榜样，牢固树立尊重劳动、尊重知识、尊重人才、尊重创造的理念，建设见贤思齐、公平竞争、鼓励创新、宽容失败的人才发展环境，形成“人人皆可成才、人人尽展其才”的社会共识，使得识才、爱才、敬才、用才深入人心，蔚然成风。我们期待在良好的人才发展环境下，大连市涌现出更多、更优秀的领军人才，驰骋于国际、国内广阔舞台，施展才华、建功立业，创造一流科研成果，谱写出更加壮丽辉煌的人才强市新篇章！

大连市人力资源和社会保障局局长

2017 年 4 月

目录 CONTENTS

制造类

电子信息类

交通与环境土建类

▶ 农林渔牧水与食品类 ◀

材料与能源类

▸ 生化与药品类 ◂

医疗卫生类

文化教育类

财经与法律类

▸ 附　录 ◂

制造类

“70后”女专家带领团队勇挑大梁

人物简介 孙振生

孙振生，1975年生，1997年参加工作，毕业于辽宁工学院（现辽宁工业大学）锻压工艺及设备专业，学士学位。现任瓦房店轴承集团有限责任公司副总工程师，高级工程师，兼任瓦轴集团风电轴承技术研究所所长。大连市第十一次党代会党代表、大连市优秀共产党员、大连市劳动模范、大连市第二批领军人才，曾获第四届大连市青年科技奖，大连市第五批优秀专家等荣誉称号。

巾帼不让须眉，“70后”女专家勇挑大梁——近几年，孙振生带领她的团队，负责瓦轴集团风力发电机组六大系列轴承的研发。风力发电轴承安装在近百米高的风力发电机上，要求轴承具有高可靠性和20年以上的使用寿命，孙振生带领风电轴承研发团队对轴承的结构设计、材料与热处理技术、加工制造、检测与试验等关键技术进行攻关研究，突破了技术难点，形成了风电轴承完整的研发体系。目前，风力发电系列轴承是瓦轴集团最大的经济效益增长点。

科学需要不断攻坚克难，孙振生主持的“兆瓦级风力发电机用长寿命、高可靠性变桨轴承FL-HSN1900DFT”项目形成的科技成果已经得到有效的转化，该项目的关键技术有：特殊密封结构设计及密封材料、优化的防腐工艺、滚道加工、热处理工艺、保持架结构设计以及轴承装配与检测。该成果已经应用到1.5MW及1.5MW以上风力发电机组变桨轴承的研发与制造。她主持的“1.5MW风力发电机主轴轴承研发（FL-240/600/W33）”项目形成的科技成果已经得到有效的转化，该项目的关键技术有：滚子与滚道之间的密合度系数设计、专用材料研究、盐浴淬火工艺、特大型轴承双沟一次磨削及可靠性试验[MeMeX1]。研发成果已经应用到1.5MW及1.5MW以上风力发电机组主轴轴承的研发与制造中。她主持的“3.0MW风力发电机用单支撑主轴轴承”项目形成的科技成果已经得到有效的转化,该项目的关键技术有:一体式保持架设计与加工技术、材料与热处理、滚动体母线形状控制以及检测试验。研发成果已经应用到3.0MW及3.0MW以上风力发电机组主轴轴承的研发与制造。

近五年,孙振生主持研发的4项产品先后获省部、市科技进步奖,4项产品获辽宁省优秀新产品奖,1项技术获发明专利,8项技术获实用新型专利,起草国家标准2项;孙振生主持了风力发电轴承多项重大科研项目,包括863计划“风电机组轴承设计与制造技术”专项;“1.5MW以上风力发电机增速箱轴承、主轴轴承技术”科技成果转化项目;科技支撑项目“7MW级齿轮箱及主轴轴承产业化关键技术研发”;辽宁省重大科技专项“5MW及以上大功率风力发电机组配套轴承”等。

探索中国一重"永动机"之谜

人物简介 刘恩清

刘恩清，1966年生，1989年毕业于吉林工业大学，毕业后长期从事重型装备制造技术方面的研究。现任中国一重核电石化事业部副总裁，研究员级高级工程师。先后获得中央企业劳动模范荣誉称号，国防科技工业协作配套先进个人，国务院特殊津贴等诸多荣誉。

刘恩清同志思想过硬，作风扎实；工作中，他兢兢业业、实事求是、一丝不苟，始终以科学的态度对待各项科研和技术任务；他治学严谨、潜心钻研、勇于攻关，注重能力和技能的培养，在实际工作中解决了大量的工艺和技术难题，为企业创造了显著的经济效益和社会效益，也为推动企业科技水平的提高和技术进步做出了突出贡献。与此同时，刘恩清同志在企业高新技术的引进、消化、吸收和攻关中做了大量细致、扎实的工作，在许多重大技术攻关中解决了大量的关键性技术难题，对我国国民经济的发展和重型装备制造业的技术进步起到了重要的推动作用。他不畏艰苦，潜心钻研核反应堆压力容器和大型加氢反应器的新型材料和制造技术，并成功地将科学技术转换成现实生产力，"超大加氢反应器研制及工程应用"获国家科学技术进步二等奖。此外，他所组织研制的"300MW 核反应堆压力容器关键焊接技术研究与应用"获国家科学技术进步三等奖，他本人获得了集团公司"总经理科技特别奖"。他先后担任中国压力容器理事会理事、国防科工委军工核动力标准化技术委员会委员、中国机械工程学会高级会员、高级工程师等职务。曾获集团公司劳动模范、集团公司劳模标兵、齐齐哈尔市劳动模范、中央企业劳动模范，第四届"中央企业十大杰出青年"候选人。

刘恩清同志自参加工作以来，身体力行地诠释着"永动机精神"，他的大脑好像永远不会累，无时无刻不在思考着技术和管理层面上的问题，对于他所从事的职业，有一种近乎疯狂的热爱。正像爱迪生所说，天才是百分之一的灵感加百分之九十九的汗水。作为一重人心中的"王进喜"，他正是凭着这种"大无畏”精神，脚踏实地地走出了属于自己的传奇之路。

2009 年 8 月 7 日，由中国原子能科学研究院和中国一重联合设计制造的、国际上公认的第四代核能系统——中国首台实验快堆主设备反应器堆容器及堆内构件、旋转屏蔽塞设备的全部制造任务圆满完成，各项技术指标不仅达到设计标准要求，而且达到了国际先进水平。它的制造完成具有完全的自主知识产权，标志着中国首座实验快堆核岛主设备全部实现国产化，展现了中国在复杂核设备领域的科技水平和制造实力。在快堆验收总结会议上，以刘恩清同志为核心领导者的中国一重快堆制造团队，得到了国防科工委、中核集团有关领导的重要褒奖。

2010 年 11 月 16 日，在刘恩清同志的领导下，历经 34 个月的积极努力，我国首台拥有完全自主知识产权的百万千瓦核电关键设备——辽宁红沿河核电站 1 号机组核反应堆压力容器水压试验圆满成功，这标志着我国百万千瓦级核岛关键设备的制造经过独立研发、自主创新，已完全实现国产化，达到了国外先进水平，具备了为我国核电建设标准化、批量化、规模化发展提供成套装备的能力。

刘恩清同志不仅在核电装备制造业上成就非凡，在石化装备制造业上，他担任核心领导人的一重技术团队先后攻克了超大型锻件制造技术、焊接技术、现场组焊技术等关键技术难题，研制成功了两台 2000 吨级的世界最大煤液化反应器，交给用户，创产值 2.7 亿元，其经济效益十分可观。煤液化反应器是煤代油的核心设备，实现煤炭液化，对我国的源发展，摆脱我国石油短缺的局面具有十分重要的意义。该项目的开发将对我国煤炭产业能力的提高和国民经济发展起到强有力的推进作用，其推广应用的前景十分广阔，社会效益显著。

目前，刘恩清同志正在牵头负责的国家重点项目主要有作为中国核电“走出去”的主打品牌——中核集团和中广核集团自主研发、自主设计的(华龙一号，三代技术路线)首台机组，它是在我国 30 余年核电科研、设计、制造、建设和运行经验的基础上，根据福岛核事故经验反馈以及我国和全球最新安全要求，研发的先进百万千瓦级压水堆核电技术；有作为《国家中长期科学和技术发展规划纲要(2006—2020)》确定的 16 个国家科技重大专项之一的子项，也是我国建设创新型国家的标志性工程之一的 1400 大型先进压水堆核电站重大专项(简称“压水堆重大专项”)。它是按照党中央、国务院的战略决策，压水堆重大专项的目标是在消化、吸收、全面掌握我国引进的第三代核电 AP1000 先进技术的基础上，通过再创新开发形成具有我国自主知识产权的、功率更大的大型先进压水堆核电技术品牌。除此之外，还有国家急需的国防专项等核电及石化产品。

谁说女子不如男　她研究激光25年

人物简介　多丽萍

多丽萍，女，1968 年出生。1990 年毕业于吉林大学物理系。1993 年、1998 年在中国科学院大连化学物理研究所先后取得硕士和博士学位，1990 年至今在中科院大连化物所从事化学激光研究。荣获共青团大连市委授予的大连市青年创新创效标兵、大连市十大青年科技标兵、女职工岗位创新标兵、大连市第六批优秀专家、大连市第二批领军人才，辽宁省“百千万”人才工程百人层次，国家高技术 863 计划“十一五”先进个人等荣誉称号。

女科学家应该是什么样？戴着厚厚的酒瓶底眼镜，穿着白大褂，默默地整天围着试管烧杯显微镜打转？当见到了在中国科学院大连化学物理研究所从事化学激光研究的多丽萍时，她灿烂的笑容、知性的谈吐和端庄的服饰，让记者对“女科学家”四个字有了不同的定义。

自 1990 年大学毕业后，多丽萍就来到了中科院大连化物所从事化学激光方面的研究。化学激光能干什么？“清理太空垃圾、铁路应力热处理、挖掘页岩气(可燃冰)燃料……用处挺广泛的。”多丽萍介绍。20 多年的研究，归纳起来主要做了三大方面的研究工作：①化学激光测试诊断技术研究，包括首次建立的氧碘化学激光器能源粒子单重态氧绝对浓度的测量方法等。时至今日，建立的许多测试方法和测试系统仍在实验室使用，如单重态氧绝对浓度和产率的测试系统、氯气利用率的测量方法、水汽含量的测量方法以及光束质量的测量方法等。建立起来的小信号增益系数测试手段已经为化学激光新体系研究提供了技术保障和研究途径。在此基础上，写作整理出版的专著《气流化学激光测试诊断技术》，大部分内容都是作者多年科研实践的总结和归纳，在中国科学院出版基金和大连市优秀著作出版基金的资助下，于 2005 年 1 月出版，两千册书在两个月内销售一空。该书荣获了 2007 年辽宁省自然科学学术成果奖一等奖。在编辑的建议下，于 2008 年 2 月进行了再版，并增加了部分理论研究内容。出版的专著及建立的许多测试方法为化学激光同行广泛使用，成为研究化学激光不可或缺的技术保障，产生了很好的社会效益。②化学激光新体系研究，这部分工作由于内容比较新，申请了不少专利，发表的原创性论文在国际重要刊物上发表并得到国际同行的认可和重视。③多模式混合机制化学激光研究，重点研究放电引发重复频率脉冲氧碘化学激光技术，经过最近两年的研究，放电引发的脉冲氧碘化学激光器已经经过成功演示、技术突破和规模放大。大体积辉光脉冲放电是放电引发的脉冲氧碘化学激光器的关键技术，目前已经实现了几方面突破：第一，从无预电离到有预电离、从火花预电离到滑闪预电离的进步，成功抑制了放电辉光向弧光的转变。第二，自主设计加工，实现了二维面阵预电离技术，突破了放电体积只能一维放大的限制。第三，脉冲能量从几十到几百毫焦耳到几焦耳的输出，亚音速脉冲氧碘激光化学效率突破 10%。该项研究结果标志着放电引发脉冲氧碘化学激光器工程放大和应用将成为可能。有单位委托研制需求，经过一年半的奋战，各项技术指标均达到合同要求并于 2012 年年底圆满交付产品，实现数百万元的经济效益。该项目 2012 年获得省部级科技进步二等奖。

为了这些研究，他们团队成员几乎终年无休，晚上很晚才能回家，每天一大早又得来开早会研讨，他们团队的十多人都养成了早早来单位吃早饭的习惯。“说起来我们为了工作都亏欠家人太多了。”多丽萍说，从女儿出生到现在大学都要毕业了，她几乎没管过孩子，“用我女儿的话说，‘妈妈，你最爱的是你的工作，你爱工作远远胜于爱我’，我也挺委屈，好在家里人都挺支持我，我才有时间全心投入研究。”

正是这种对工作的全情投入，她的团队先后完成国家高技术 863 项目 14 项，国家自然基金项目 3 项，横向项目 1 项，所创新基金和中国科学院重点实验室创新项目若干项。发表论文 80 多篇，出版专著 3 部，授权专利 20 多项。曾获得省部级科技进步二等奖，辽宁省科技进步奖三等奖、中国科学院杰出科技成就奖、辽宁省自然科学学术成果一等奖等。

教书育人持永恒　科技创新谱新章

人物简介　关天民

关天民,1963 年生,博士后,二级教授,博士生导师,现任大连交通大学副校长,运动与康复器械研究所所长;铁道部中青年突出贡献专家,享受国务院政府特殊津贴,辽宁省特聘教授,辽宁省百千万人才工程百人层次,辽宁省第九届、第十届人民代表大会代表,辽宁省教学名师奖获得者;大连市“111”人才工程优秀科技人才,辽宁省、大连市优秀教师。第二批大连市领军人才、大连市优秀专家,大连市归国留学人员创业英才。

铁道部铁路特色专业教学指导委员会委员,中国机械工业教育协会高等学校机电类教学委员会委员,中国自行车协会科研指导委员会委员,大连市海外留学人员联谊会副会长,辽宁省教育评价协会常务理事,大连市生命科学研究会副会长。

自 1987 年从教以来,关天民教授一直在机械学科教学与研究的一线工作。承担机械设计、机械可靠性、人机工程学和现代设计理论方法等本科、硕士、博士课程的教学工作。担任国家级虚拟仿真实验教学示范中心主任,主持和参加的教研成果获国家教学成果二等奖 1 项、获省级教学成果一等奖 2 项和二等奖 2 项。多年来指导博士和硕士研究生 70 余人。

关天民教授长期从事新型传动、人机工程、先进运动与康复器械方面的研究三十年,作为科技人才,他曾两次作为教育部高级访问学者到德国留学,带回了先进的理论和方法,是机械制造及其自动化重点学科的带头人之一,他在新型传动、人机工程学、运动与康复器械研究领域的研究水平已达到国际水平并得到了同行的肯定。

近五年来,关天民主持研究了国家自然科学基金课题 1 项,教育部博士点基金 1 项,国家体育总局计划项目 2 项,国家体育总局基金 1 项,辽宁省计划项目3项,辽宁省优秀人才项目1项,辽宁省教育厅重点实验室项目1项及多项市级纵向与企业横向课题。先后取得了国际先进水平成果2项,国内领先水平成果1项,获得省部市级科技奖2项。

关天民教授作为负责人所领导的科研团队基地成为辽宁省先进运动与康复器械重点实验室、辽宁省高校人机工程重点实验室以及大连市运动与康复器械工程实验室。

关天民教授表示,未来几年3D打印技术、虚拟现实技术以及互联网信息技术成为研究与应用的热点,他将率领研究团队,发展具有自己特色的研究方法,结合自身基础对若干与国家重大需求相关的医疗与康复产业方向研究,做出高水平的原创性成果。同时,希望今后能够培养出更多的优秀人才,在自己长期从事的领域里,做出有特色的成果,为我国经济和社会发展做出贡献。

让科技离我们的生活不再遥远

人物简介 陈文武

陈文武，博士，1970年出生。1992年本科毕业于中国科学技术大学化学物理系。2010年在大连理工大学取得博士学位。1992年至1998年在大连化学物理研究所从事化学激光研究，1998年在捷克科学院物理研究所做了8个月访问学者。1998年回到大连化学物理研究所，任化学能源研究组组长。先后获得多项部级科技进步奖，国家863计划"十五"关键技术攻关先进个人，辽宁省"百千万人才工程"千人层次(2007)，大连市政府特殊津贴专家(2008)，第三届大连市青年科技奖等荣誉。

"均匀液滴氧发生器"、"预旋通流氧发生器"、"卫星姿轨控推进系统"……这些名词听上去是不是让你觉得摸不着头脑？其实这些都是大连化物所化学激光研究室陈文武研究员带领他的团队在进行的一些创新项目研究，这些普通人觉得高深莫测的技术已"接地气"地应用到民用科技上来。

陈文武自1997年担任化学激光最核心的关键技术化学能源研究组组长以来，作为长期研究者和学术带头人，为我国化学激光事业的研究和发展做出了一系列重要贡献。"九五"期间，他主持863计划某化学能源课题研究，先后成功研制不同氯气流量规模的射流式氧发生器，分别应用于该激光器实验平台和某集成实验装置，使得我国在该领域达到创纪录的技术水平。"十五"期间研究开发成功高化学效率、体积效率的均匀液滴氧发生器，体积效率达国际先进水平。"十一五"期间解决了气液两相流高效反应、自动分离的关键技术，该技术将有助于进一步提高激光器系统的效率，减小体积，并拓展激光器及大系统的应用场景。"十二五"期间，某环境下化学激光关键技术研究等相关研究及技术攻关，为高效率、长时间、多平台化学激光提供了关键技术支持。

用陈文武的话说，正是这些技术积累，为在民用市场的拓展和应用起到了积极作用。比如,他们团队研究的"卫星姿轨控推进系统"新课题,就是当卫星偏离轨道或者对地面角度不对起调整作用的系统。"比如手机定位有时信号不好,就有可能是卫星跑偏了没信号,这时调整一下卫星轨道,就能精准定位。"陈文武说,"现在小型商用卫星应用越来越多,咱们这套系统工程接地气、性价比高,市场前景广泛。"

这些成就的取得,真不是一朝一夕就能完成的。陈文武和他的团队周末几乎不休息,不是泡在实验室,就是开会研讨。"以前去做大系统的时候,到基地一去就是三五个月,尤其是到西南地区,辛辣的饮食、潮湿多虫的环境,让很多人吃不消。大伙都亏欠家人很多。"陈文武说,现在一年出差二三十次,都已经是民航的 VIP 客户了。可见,科研工作者付出的辛苦是常人想象不到的。

研发捣固焦炉机械打破了垄断

人物简介 张文瑞

张文瑞，男，1977年出生，毕业于内蒙古工业大学，教授级高级工程师。现任大连华锐重工设计研究院院长。

张文瑞于2001年7月进入大连重工·起重集团设计研究院工作，从设计员干起。2011年11月至2013年10月，任大连华锐重工集团焦炉机械设计院院长，2013年10月至今，任大连华锐重工集团设计研究院院长。

14年来，他主要从事装备制造领域的焦炉机械设计工作。2014年起享受国务院特殊津贴。张文瑞现已成为炼焦工业范围焦炉机械技术学科带头人。

2013年，张文瑞被任命为大连华锐重工集团设计研究院院长，那年他36岁，在此之前，他已经担任两年大连华锐重工集团焦炉机械设计院院长一职，年纪轻轻即被委以重任，非有不凡能力者不能为之。

中国有句古话，“没有金刚钻不揽瓷器活”，在如今的装备制造业领域，这更是一句箴言。张文瑞从事装备制造领域的焦炉机械设计工作14年，近5年来，主要开展装备制造领域的焦炉机械设备设计研发方面工作，先后主持研发了我国首套具有自主知识产权的5.5米、6.25米和7.63米大型捣固焦炉机械。其中，5.5米捣固焦炉机械成为当前市场主流产品，至今累计订货140套，创造经济效益3.9亿元。经大连市科技局鉴定，5.5米捣固焦炉机械为国内首创，达到了国际同类产品先进技术水平。

他主持研发的6.25米捣固焦炉机械成为当前国内外主导产品之一，并将成为今后十年内的主流产品，至今累计订货8套，创造经济效益0.85亿元，经辽宁省科技厅鉴定，6.25米捣固焦炉机械填补了国内自主研制的空白，打破了国外垄断，总体功能和技术水平处于国际先进地位。

“带有故障检测装置的捣固机”、“捣固装煤推焦机”和“捣固装煤除尘系统”等科研成果现在已经实现产业化，在国内外70余家企业累计创造经济效益5.15亿元，大型捣固焦炉机械和除尘技术的研发与应用，在提高焦炭产量的同时，起到了节能减排的作用。

2010年，5.5米捣固焦炉成套机械设备荣获大连市科技进步一等奖，并于2011年荣获辽宁省科学技术一等奖，取得授权实用新型专利5项。

2009年，张文瑞获大连“优秀发明家”荣誉称号；2011年被评为辽宁省第六批“百千万人才工程”千人层次人选；2012年享受大连市政府特殊津贴；2013年被评为“大连市第六批优秀专家”。带领的团队还取得了辽宁省科学技术二等奖(7米焦炉机械)、辽宁省科技转化二等奖(7.63米大容积焦炉机械)和大连市科技进步一等奖(7米焦炉机械)的成果，其中7米顶装煤焦炉机械为国内首创。

目前，张文瑞带领团队又向更难的目标迈进，他们把研发的目光盯准了捣固焦炉用干熄焦成套设备、捣固焦炉除尘系统、焦炉烟道气余热回收技术、无害化垃圾分解炉以及50MW垂直轴风力发电装置等方面。

变废能为宝藏的大师

他将科研落实处

人物简介 张红岩

张红岩，1972年生，毕业于西安交通大学，教授研究员级高级工程师，现任松下制冷（大连）有限公司技术研发统括部长，近20年来一直以中央空调—溴化锂吸收式技术领域为研究方向，是国内该领域的资深专家，擅长废热能源利用、清洁能源利用、复合能源综合利用等节能技术的研究和应用。主持开发设计的新产品曾获得大连市科技进步奖一等奖，辽宁省科技奖三等奖和中国制冷学会科技进步奖三等奖等。

在开发区的外企集群中，松下制冷绝对是一个不容忽视的存在。而在松下制冷中，设计研发部门又是重中之重。引领这个近80人的综合团队的，就是44岁的张红岩。

1995年，刚从西安交通大学毕业的张红岩加入松下制冷，从此开始了他的技术研发生涯。20年来，张红岩一直以中央空调吸收式技术领域为研究方向，从默默无闻的毕业生，变成国内该领域的资深专家。而他的成长经历，更像是中日合资企业技术发展史的缩影。

松下制冷成立伊始，受条件限制，多是从日本引进技术，通过自我消化吸收达到进步。但作为设计研发部门的领头人，张红岩并不满足于此，他积极带领团队向国外专家请教学习，通过不懈的努力，很快使松下制冷完成了从技术合作开发到自主研发创新的阶段性跨越。最让张红岩引以为傲的，是他在溴化锂吸收式制冷机方面的突破和创新。溴化锂吸收式制冷机是以溴化锂溶液为吸收剂，以水为制冷剂，利用水在高真空下蒸发吸热达到制冷目的的空调机。它以热能为动力，安全可靠，具有很好的节电、节能效果。它起源于美国，成长于日本，发展于中国。

张红岩介绍说,随着近年来节能环保成为国人愈发关注的热点问题,张红岩带领部内人员开发了多项符合市场需求的产品,技术先进,性能优越。他主持开发的太阳能热水+补燃地热溴化锂中央空调,可同时或分别利用太阳能、地热水、天然气三种能源,多能源综合利用,适合可持续发展的需求,达到国际领先水平。他主持开发的蒸汽型溴化锂吸收式冷温水机,使传统的单一制冷的蒸汽型溴化锂吸收式制冷机增加冬季采暖功能,技术国内首创,2008 年 7 月获得国家发明专利,还在 2009 年度获得大连市技术发明奖一等奖。而在工厂余废热利用方面,他主持开发的微正压蒸汽机组,满足了石化、化纤等特殊行业节能减排的需求……在他手下诞生的这些产品,广泛应用于首钢、鞍钢、红塔集团等重点企业行业,并且远销德国、法国等 30 多个欧洲国家。而在大连,当我们在胜利广场逛街、在星海会展中心参观时,也能享受到张红岩研发的中央空调带来的舒适和惬意。

数据显示,从 1995 年至今,张红岩带领技术人员,引进消化吸收日本 7 项先进产品技术,自主创新开发 20 余项新产品,实现技术输出 5 项,获得 10 个发明专利,48 个实用新型专利。张红岩在 2007 年成为辽宁省“百千万人才工程”千人层次人选,2009 年成为辽宁省“百千万人才工程”百人层次人选,2011 年被评为大连金州新区首届享受政府特殊津贴暨优秀人才,2015 年入选大连市第二批领军人才。

让运载火箭有副结实轻便的“骨架”

人物简介 李刚

李刚，1966 年 9 月生，教授、博士生导师，大连理工大学运载工程与力学学部部长，工业装备结构分析国家重点实验室主任、结构优化理论与应用国际联合研究中心主任、先进装备设计与 CAE 软件开发国家地方联合工程研究中心主任。1987 年北京大学力学系本科毕业，1998 年大连理工大学工程力学系计算力学专业博士毕业。2000 年～2001 年为香港科技大学访问学者；2006 年～2007 年为美国加州大学伯克利分校访问学者。

据航天专家测算，运载火箭每多承载 1 公斤重量，就需要多花费约 1 万美元。那么，如何在保证安全的前提下，让火箭少一些负重呢？带着疑问，记者采访了大连理工大学运载工程与力学学部部长李刚教授。“火箭其实是工业装备的一种，其装备结构就像人的骨架，我们的工作就是通过分析和优化，让这副‘骨架’既结实又轻便……”李刚告诉记者。

针对新一代大型运载火箭结构轻量化以提高有效运载能力的迫切需求，李刚领导的团队开展了 CZ-5 运载火箭芯级和助推结构中 20 余个部段的强度刚度分析与优化减重设计工作，出色地完成了重要部段的优化设计任务。在满足各部段刚度、强度等前提下，优化减重累计 645 公斤，单发火箭节约发射成本 2000 万人民币左右，为保证火箭的运载能力做出了重要贡献。

李刚是国防 973 计划项目首席科学家，教育部新世纪优秀人才，辽宁省新世纪百千万层次人才（百人层次），还担任中国力学学会常务理事、计算力学专业委员会副主任委员，辽宁省力学学会理事长等职务。2014 年，他作为技术首席成功获批国家安全重大基础研究（国防 973 计划）项目，这是大连理工大学作为首席单位的第一个国防 973 项目，标志着该校在国家安全重大基础研究方面的能力进一步提升。

一系列成绩和荣誉的取得，与李刚在学术上潜心钻研、在工作中勇挑重担密不可分。他长期从事“重大装备与工程结构的性能设计理论、方法与应用”研究，先后主持国家自然科学基金重大研究计划集成项目课题、重点项目和面上项目，以及973计划课题、863计划子课题、国防预研项目等30余项。针对高层建筑、海洋平台、运载火箭等重大装备与工程结构性能设计的要求，李刚将结构优化理论、结构可靠性理论融入了结构性能设计的理论与方法，并使其得到发展，形成了自己的研究特色。李刚多年来一直坚守在教学第一线，承担本科生“弹性力学”、研究生“现代结构抗震设计专题”等课程，积极组织和领导工程力学本科专业建设，是国家特色专业、辽宁省示范专业工程力学的负责人。

采访接近尾声，李刚告诉记者：“目前，‘军民融合发展’已上升为国家战略，我们将面向国家重大需求和国防安全，全力完成好所承担的国防973项目，成为国内一流的航天国防研究团队。”

始终工作在企业技术创新第一线

人物简介 杨宥人

杨宥人，1969年生，毕业于北京化工学院高分子材料加工机械专业，2008年晋升为教授研究员级高级工程师。先后获得大连市人民政府特殊津贴、国务院政府特殊津贴，新世纪千万人才工程百人层次人才、大连市优秀专家和第三届大连市青年科技奖和辽宁省第七届青科奖十大杰出英才等荣誉和称号，被聘为中国塑料机械行业专家委员会委员、全国橡胶塑料机械标准技术委员、塑料机械分技术委员会主任委员、《橡胶工业》编委会委员、大连市机械工程学会理事。

杨宥人，在二十多年的工作历程中，始终工作在企业技术创新的第一线，从事橡胶塑料机械的产品开发、设计，主持、参与开发了多系列近三十个规格的填补国内空白、达到国际同类产品先进水平的新产品，为公司的产品结构调整和技术进步做出了卓越的贡献。

杨宥人作为主要参加人员开发的SJSH-92×32、SJL-F92双螺杆塑料混炼挤出造粒机组，是我国唯一一台用于乙烯工程上的年产万吨级的同向双螺杆塑料混炼挤出造粒机组，被评为“中国机械工业联合会科技进步二等奖”；参与开发的SJ—90×30A、SJ—120×30、SJGM-F3500×3塑料共挤吹塑复合膜机组，通过部级鉴定，被评为“中国机械工业科技进步一等奖”。

作为上市公司的技术带头人，杨宥人积极致力于公司的产品结构调整和技术升级。通过开发跨行业、跨领域的新产品，提高了公司的市场认知度，为公司的持久发展和经济增长奠定了基础。带领科研团队完成了国家“十一五”重点攻关项目——20万吨/年聚丙烯混炼机压造粒机组技术攻关，完成了国家“863”科技支撑项目——25万吨/年聚乙烯混炼机压造粒机组技术攻关，完成了中石化重点项目6万吨/年溴化丁基胶后处理生产技术攻关等，为公司与石化企业深入合作开创了良好局面。这些项目均结束了我国该类机组长期依赖进口的被动局面，填补了国内空白，替代了进口产品。现已签订了各种规格大型混炼挤压机组 9 台套，为公司新增 4.8 亿元合同，成为公司技术发展和创新的新亮点。目前，正带领科研团队开发中国石化公司重点新技术装备——千吨级芳纶反应挤出机组等。

杨宥人还非常重视理论学习和学术研究，多次在专业期刊上发表论文，撰写的《土工膜吹塑机组研制状况和市场前景》被评为全国橡胶塑料技术论文报告会优秀论文；作为起草人之一，起草了 GB 25431.2-2010《橡胶塑料挤出机和挤出生产线第 2 部分：模面切粒机的安全要求》、JB/T6492—2001《锥形双螺杆塑料挤出机》等多个国家及机械行业标准。

为国产大飞机研制生产线造“大脑”

人物简介 郑君民

郑君民，1976 年生，毕业于哈尔滨工业大学机械制造及自动化专业，工学博士，教授研究员级高级工程师。其现任全国机械电气系统标准化技术委员会安全控制系统分技术委员会委员，大连光洋科技集团工程有限公司副总经理。他长期从事机械制造及其自动化技术方面的研究，是该领域行业技术带头人。

备受瞩目的首架国产大飞机 C919 于 2015 年 11 月正式总装下线，很多人可能不知道，在这架我国拥有自主知识产权的大型客机的制造过程中，咱大连人可以称得上立下了“头功”，因为其研制生产线的“大脑”——串并混联数控系统就是大连人研发的。

研发团队负责人、大连光洋科技副总经理郑君民介绍说，2008 年 7 月，承担国产大飞机自动化生产线这一最前沿项目课题的北京航空制造工程研究所，先后遭遇了西门子等公司的对华禁售，最终选择大连光洋科技来攻克大飞机生产线串并混联数控系统研发的难关。通俗地讲，这个系统就是负责组装大飞机的系统，飞机的各个零部件生产出来以后，头部、尾部与机翼等各个部位同步安装，整机装配，这样就减少了工序，提高了精确性。就这样，郑君民带领十多个 80 后不分昼夜、加班加点，不断地分析、论证、探讨，经过半年多的努力终于攻克难关，2009 年 1 月，串并混联数控系统正式交付使用，填补了我国在此类高档数控系统领域的空白。

出于对火箭导弹的痴迷和对军工院校的向往，他从庄河高中考上了哈尔滨工业大学。因为成绩优异，他在哈工大机械制造及自动化专业从本科一路被保送到硕士、博士。毕业后来到大连光洋科技集团工程有限公司，一直从事技术研发和管理工作，从数控研发部高级工程师做到数控研发部部长，2009 年，30 岁出头的他便当上了公司副总经理。

尽管年轻，但郑君民在我国高端装配制造业领域堪称翘楚：他主持的多项科研项目成果打破了国外垄断，填补了国内空白；主持科技部“总线高档开放式数控系统的引进与开发”“多轴联动高速龙门式加工中心系列产品开发”；主持工信部“光纤总线开放式全数字高档数控装置”“五轴工具磨床及其磨削软件开发”等；2007 年获省新产品一等奖；2008 年获市科技进步一等奖；2009 年入选省“百千万人才工程”百人层次；2012 年入选省“十百千高端人才引进工程”千人层次……在这一串串耀眼的光环背后，是他多年来笃实好学的钻研、勤勉顽强的实干。“做技术要有自信，更要持之以恒，有了沉淀才能有突破。”郑君民的这句采访结束语，也许是对中国科技人的最好诠释。

为我国的橡胶机械行业赢得声誉

人物简介 黄树林

黄树林，1973年生，大连橡胶塑料机械股份有限公司研发部部长。他毕业于吉林工业大学机械设计及制造专业。2013年，他晋升为教授研究员级高级工程师。他从事产品设计开发工作19年，是开炼机和压延机类产品技术带头人。参与和主持的开发项目获得部级科技进步奖两次，并曾多次荣获公司、市级和省级荣誉称号。他于2008年和2015年两次享受"大连市政府特殊津贴"，2011年获得"大连市青年科技奖"，2011年入选辽宁省第六批"百千万人才工程"百人层次，2012年入选大连市首批领军后备人才。

自1998年起，黄树林成为开炼机类产品的总负责人。十多年来，他带领团队不断优化产品的结构和性能，开发了多种规格的新产品，累计创造销售收入近十亿元。这些产品成为公司的拳头产品，也让他成为开炼机和压延机类产品技术带头人。

2001年9月至11月，黄树林主持开发的"XKRS-660双联橡胶热炼机"，成功地应用于普利司通公司。该设备具有结构紧凑、占地空间小、高效、节能等诸多优点，受到橡胶行业的普遍关注，被越来越多的用户所采用，2006年获得了中国石油和化学工业协会科技进步二等奖。

2005年他主持开发的液压调距开炼机，提高了开炼机产品的自动化程度和安全性能，是国内首创。技术上达到国际先进水平，产品已远销欧洲。与此同时，他还主持进行了开炼机全系列产品的CE认证工作，使大连橡胶塑料机械股份有限公司成为国内第一家获此资质的开炼机生产企业。

XY-4S1300、XY-F4S1300橡胶全钢子午胎压延机组，是国家橡胶技术装备重大攻关项目，作为该项目的主要负责人，在开发过程中他攻克了钢丝整经、帘布裁断、厚度的在线检测等核心技术难点,完成了全部开发工作,2007年5月,该机组产成,各项性能均达到预想的精度和性能。该机组的开发成功,填补了国内空白,结束了该生产线长期依赖进口的历史。截至2015年年底,大连橡胶塑料机械股份有限公司已累计销售四十余条钢丝压延生产线,黄树林为公司赢得了可观效益,也为我国的橡胶机械行业赢得了声誉。

黄树林正在主持开发的压延机的液压调距系统,获得了辽宁省"百千万人才工程"的项目资助,具有极好的市场前景,能极大地提高压延机的制品精度和自动化程度,使国内的压延机产品达到国际先进水平。

合成橡胶是石油产业当中重要的副产品,在国内的市场需求逐年增加,黄树林带领开发团队进行合成橡胶后处理设备的国产化开发,通过样机的试验,取得了预期的效果,并与中石化签订了五条生产线的合同,合同额达1.8亿元。该项目的成功研发,可完全替代进口,为石化产业提供了后处理关键设备,摆脱了进口的束缚,每年可为国家节约大量资金。

乐此不疲地研究微纳米技术近20年

人物简介 褚金奎

褚金奎,1965 年生,博士学位,现任大连理工大学微机电系统与精密工程研究所副所长,博士生导师。近五年,他获得国家 973 课题 3 项,863 课题 2 项,国家重点基金项目 2 项,面上基金项目 5 项以及其他省部级项目多项。获授权发明专利 18 项。获得国家科技发明二等奖一项,教育部甲类科技进步(即自然科学)二等奖两项,省部级科技进步三等奖两项。

得知采访的大连理工大学褚金奎教授从事的是和机器人有关的教学和研究的消息时,记者心中满是惊喜。记者带着好奇之心走进了理工大学,拜访了这位“与科技时代同步”的教授。

采访时,褚金奎教授非常平和,和记者谈话时就像一位许久未见的老朋友。“我从事关于机器人的仿生微纳导航传感器、微执行器与微能源以及机构学与机器人方面的研究近 20 年了。”褚金奎教授来大连之前,于 1997 年已被聘为教授、博士生导师和跨世纪学科带头人,目前在大连理工大学微系统中心工作。他带领团队在仿生微纳导航传感器的研究中,通过对沙蚁偏振光导航机理的研究,在国内第一个利用先进的微纳米加工手段,设计制作出了偏振光敏感仿生微纳导航传感器样机,并成功进行了机器人的自主导航实验,著名学者 J. Chahl 认为性能指标已超过美国同行的工作;在微执行器的研究中,借助提出的机构拓扑类型综合和尺寸优化的理论和方法,利用微电铸、微刻蚀等 MEMS 加工手段,根据不同的微操作对象,在国内首次设计制作出多种新型的整体尺寸在毫米量级、最小构件尺寸在十微米左右的电热驱动镍微夹钳、硅微夹钳和聚合物微夹钳,并成功用于 MEMS 器件和生物细胞的微操作……

听着这些超级专业的知识,敬佩之心油然而生。在接下来的交谈中,记者得知,褚金奎教授还是“海归”。原来,褚金奎教授2002年从日本东北大学回国后加入大连理工大学现代制造研究所,以骨干的身份协助王立鼎院士成立了首批大连理工大学科研创新团队——微系统中心科研团队,参与申请并成功获批了大连理工大学精密与特种加工教育部重点实验室、辽宁省微纳米技术及系统重点实验室以及微系统与微制造辽宁省高校重点实验室,参加组建了东北MEMS联合体,组建了微机电系统与精密工程研究所,参与论证和购置了实验室整套的MEMS加工设备和微特性测试仪器。而且,在团队建设中,褚金奎教授作为微传感器和执行器的方向负责人,已培养教授3人,副教授3人,讲师4人,博士、硕士研究生80余名。

取得这么多成就,一定特别辛苦、忙碌。对此,褚金奎教授告诉记者:“想在一个专业取得一些成就,就得无怨无悔地付出,就得不停地进行课题研究和探讨。”

新领军者(二)

电子信息类

他推进了数字家庭产业国际化进程

人物简介 尹松鹤

尹松鹤，出生于1965年8月。现任中国华录集团有限公司董事，副总经理。2010年他被评为大连市优秀企业家。2009年11月，其主持研发的“蓝光播放机”获得中国创新设计红星奖。2010年3月～2011年11月，他带领团队研制的产品先后获省市多个优秀奖项。2011年11月，“蓝光高清家庭媒体播放器”获国家知识产权局中国外观设计优秀奖。2012年12月，“3D蓝光高清播放机的研究与开发”获大连市科技进步二等奖。在项目执行期内，项目组的成员6人被评为高级工程师。

尹松鹤同志在负责集团技术中心期间，所带领团队获得专利40项，其中：发明专利5项，实用新型28项，外观设计7项。

尹松鹤利用国际和国内两个技术资源，消化、吸收、创新，并发挥自身的优势，融合国企和外资企业技术研发的特点，坚持不断提高企业的自主开发能力。建立了适合本公司的开发标准流程和企划→造型→设计→工艺的完整的开发体制。每年为公司完成100多项新产品的开发导入，已全面掌握DVD激光头、DVD机芯、DVD整机、DVD-COMBO激光头以及DVD-RAM激光头等的关键制造技术和设计能力；产品研发的范围发展到现在的商品造型设计、核心电路设计、外装结构设计、机芯/光头设计、音箱设计、软件设计等产品的全方位设计开发，实现了VTR产业向光碟产业转型，开发以及衍生开发的各种光头、精密超薄机芯产品成为公司支柱产业。先后建成了激光头开发实验室，机芯开发实验室，电气开发实验室等，为产品开发打下了基础。先后建立起一整套的规章制度及产品开发规范。他主导了公司产业结构的调整、转型及新产品的研制开发。

近些年他积极承担国家和各级政府的重点项目，为集团发展做出了突出贡献。在“基于我国数字音视频标准(AVS/DRA)的蓝光光盘及整机技术的产业化”项目中,尹松鹤同志作为项目总负责人,积极推进了国标(AVS/DRA)的国际化,使华录集团成为AVS的成员单位和DRA三家起草单位之一,并拥有了多项发明专利。2009年,中国自有知识产权的DRA音频标准成为蓝光格式的一种,并被写入BD-ROM2.3版本,纳入了蓝光专利池中,打破了之前Dolby和DTS在多声道音频领域的垄断地位。本项目经专业审计,累计销售蓝光系列产品161.176万台(其中出口112.955万台),累计实现产品销售收入97008.21万元(其中出口产品销售收入91212.05万元);项目累计缴纳所得税1114.99万元,项目累计实现净利润3344.98万元。超额完成计划指标。在“十万用户级数字家庭应用示范”项目中,尹松鹤同志作为项目总负责人,对项目工作高度重视,持续关注项目进度,大力推动项目进展。本项目符合国家关于中国数字家庭产业发展战略规划,响应国家《电子信息制造业“十二五”发展规划》《数字电视与数字家庭十二五规划》号召,在国家重点支持的数字家庭产业领域真正起到带头作用;在标准制定、核心技术积累、成果推广、集群带动等方面具有重要示范意义。对促进数字家庭产业的规模化、商品化、国际化进程有重要的推进作用。

他发明的绿色驾驶导航仪真省油

人物简介 付先平

付先平，1971年生，大连海事大学教授、博士生导师，信息科学技术学院副院长。他1994年毕业于齐齐哈尔轻工业学院（现齐齐哈尔大学），获硅酸盐工程专业学士学位，1997年毕业于大连轻工业学院（现大连工业大学），获无机非金属材料专业工学硕士学位，2005年毕业于大连海事大学，获通信与信息系统专业工学博士学位。曾获辽宁省优秀人才支持计划（第一层次）、大连市领军人才、美国RPB国际学者研究奖、大连市技术发明二等奖、第七届国际发明博览会金奖等多项奖励。

付先平教授是一位“自学成才”的专家。在齐齐哈尔轻工业学院读本科和大连轻工业学院读硕士期间，他一直学的都是硅酸盐工程专业。凭着对计算机及编程软件的强烈兴趣，他在业余时间坚持每天到新华书店自学计算机软件方面的书籍，直至考上大连海事大学通信与信息系统专业的博士。

在科研上，主持了国家自然科学基金、国家博士后基金、交通部、辽宁省教育厅和科技厅等省部级以上项目十几项；发表学术论文40多篇。主编的由清华大学出版社出版的教材《多媒体技术及应用》为高等学校计算机基础教育教材精选、辽宁省普通高等学校省级精品教材、辽宁省首批“十二五”普通高等教育本科省级规划教材。申请专利12项，获得授权发明专利5项，实用新型专利4项。

在学术成果中，付先平教授提出了单摄像机跟踪驾驶员头部朝向的新方法，该方法利用车内后视镜、面板、前风挡玻璃的不同区域作为校准点，采用自学习和粒子滤波的方法估计头部朝向和视线方向，并在此基础上进行驾驶员视线的自动校准。该方法解决了传统方法在光线变化和头部大角度转动情况下失效的问题，对研究驾驶行为和提高驾驶安全有重要意义。

基于已经授权的发明专利技术,付先平教授采用数字图像处理及视线跟踪技术对驾驶行为进行识别和训练,对车辆信息、驾驶行为和车辆周边环境进行视频监控和分析,发明了一种监控终端和监控服务平台——绿色驾驶导航仪。绿色驾驶导航仪通过获取驾驶员操作油门、换挡等行驶参数以及汽车ECU的内部数据,综合分析判断驾驶员的驾驶行为,把分析结果通过数字、图形等方式实时直观地反映给驾驶员,从而让驾驶员知道自己的驾驶行为是否绿色(即经济省油)。有关研究表明,这对汽车燃油经济性的影响可达20%~30%,理论上可以达到47%。继此之后,他又在图像精准识别在工业生产中的使用方向投入研究,现在已经在部分必须人手作业的拣选环节,用图像精准识别技术完成了技术替代,并且已经开始应用在生产实践中。

在18年教学过程中,付先平教授将业务知识融汇到课堂教学中,尤其在多媒体技术课程的教学过程中,坚持锻炼学生的动手能力,倡导学生结合未来工作选作论文和课题,既授人以鱼,又授人以渔,在各个方面给学生以帮助和指导。

走在创新路上的网络技术高精尖人才

人物简介 刘治国

刘治国，1974 年生，大连大学信息工程学院教授。长期从事空间信息网络技术、一体化网络管理技术等方面的研究。近五年，在空间信息网络领域研究方面，主持、参与了国家 863 计划项目、国家自然基金项目等十余项。其参与的"空地一体化网络管理与远程故障诊断维护系统"经大连市科技局组织鉴定，该成果达到国际先进水平，其中空地一体化分层多域网络管理体系结构、多元化网络管理协议、基于卫星的远程故障诊断与修复支持等相关技术属国内首创。

都说 21 世纪是信息化时代，现如今的社会信息化如此发达，与像刘治国这样从事空间信息网络技术的高精尖专业人才的探索有很大关系。不过，刘治国并不愿意过多地去谈自己曾经取得的那些"成就"，他更多的注意力早就转向下一个目标……

一个好汉三个帮，刘治国在信息领域干出一番事业，离不开精诚合作的团队配合，而这些配合有的时候需要更加精密和无私。不仅是团队内部的协作，还有与国内相关领域专业人士的不断交流与协作，都是科研成果的重要保证。刘治国和其所在团队，面向国际科技前沿和我国现代化建设的需要，围绕国民经济、社会发展及国家安全面临的重大科技问题，秉承科技创新、军民融合的理念，以现有计算机应用技术重点学科为依托，通过对网络管理技术、新型通信技术、系统监控技术领域中的基础理论、关键技术、共性技术进行创新和改进，解决通信与网络技术中的关键理论和重大技术问题，保持该领域技术研究达到国际先进、国内领先水平。

他们还依托国家级科研项目，研发了空地一体化网络体系与网络管理协议，研制了网络设备测试仪、数据管理设备、远程医疗设备、小型化移动通信终端设备，实现了空地一体化网络的高效配置、自主管理、快速故障检测和诊断、实时性能监控和调整以及安全的信息传输。技术成果先后在辽宁、山西、北京、重庆等地的多家企业及科研院所得到应用。

作为一名大学教师，刘治国同样在教育战线上认真钻研，精益求精，在业务上成长迅速，早在2006年就已入选辽宁省青年骨干教师，现已成为教学经验丰富的资深教师。在本科教学过程中，刘治国非常关注学科发展方向，不断更新教学内容，针对“现代计算机网络”等课程理论知识经典、课本更新慢的问题，他运用现代信息技术，搜集国内外相关先进理论发展动态，增加相关的新教学内容，改变原教材理论性强、实践性弱的特点，不断扩展学生的实际操作能力及科学视野，使学生学到课本理论的同时又领略到计算机科学的强大作用。

多年来，刘治国相继承担本科生和硕士生的教学任务，主讲课程“软件工程”“算法设计与分析”等，迄今为止，已指导计算机应用技术、通信与信息系统学科的硕士生，协助指导博士研究生、工程硕士研究生多人。

走在舰船目标特性研究与应用的前沿

人物简介 吕俊军

吕俊军，1972 年生，无党派人士，中国科学院声学研究所信号与信息处理专业博士毕业，现任中国船舶重工集团公司某检测中心副主任，技术负责人，获得国防科技进步三等奖 2 项和多项船舶重工集团公司科学技术奖。先后荣获“辽宁省十大杰出青年岗位能手”、“中国船舶重工集团公司优秀青年科技工作者”、“中国船舶重工集团公司有突出贡献专家”等荣誉称号，入选大连市第二批领军人才，是大连市第六批优秀专家。

1995 年从西北工业大学毕业后，吕俊军被分配至中国船舶重工集团公司第七六○研究所工作，此后的二十年里，他一直从事舰船水下物理场测试方面的研究。如今，他已成为舰船目标特性和舰船物理场测试领域的学术带头人，在舰船水下物理场测试与分析技术方面做出了突出贡献，他主持的多项科研项目均代表国内乃至国际的先进技术水平，引领了舰船目标特性的发展。

“九五”期间作为某重点国防预研课题的技术骨干，经过创新探索，他探索出具有工程实用性和针对性的技术途径，被行业专家认为是本领域的“重大发现”，提出的关键技术应用于型号生产，获得了船舶总公司科技进步一等奖。

“十五”开始，根据国家和单位的发展需要，他从熟悉的水声领域转向全新的非声特性领域。面对陌生的专业，他没有退缩，也没有等待，而是主动向国内外同行专家学习，虚心请教，作为项目负责人主持完成了重点预研基金、国防基础科研等多项前沿性课题。研制了低噪声宽频带水下电场、磁场传感器等特种测试传感器以及多节点分布式舰船水下物理场测试系统，打破了国外技术垄断，使我国舰艇水下电磁场测试与特性研究水平获得了跨越式发展，大大缩短了与先进国家的整体技术水平差距。主要技术成果被遴选为国防科工局“百项先进工业技术研究推广应用工程”。

2010年,承担了某国家重大基础研究项目(973)立项论证工作。经过层层严格审查,项目于同年年底正式立项,吕俊军也成为国防领域最年轻的973首席科学家。他带领团队从理论研究到试验验证,一直秉承着严谨求实、创新开拓的精神,全力攻关,智慧创造。5年来,项目取得了多项重要成果,专家组评价该项目"理论上有突破,实践上有收获,管理上有创新",项目成果受到了总装机关领导和行业专家的高度肯定,军事意义重大,应用前景广阔。

多年的科研工作中,吕俊军将创新的思想不断地灌输进来,鼓励年轻的科研人员敢于开拓。他33岁就破格被评为研究员,如今已是博士生导师,培养了一批优秀的舰船物理场测试分析方向的人才。功崇唯志,业广唯勤,面对国家海洋安全发展的新形势,他带领团队继续在舰艇水下物理场测试分析和特性应用研究这条道路上攻坚克难,努力提升我国舰船水下物理场测试分析技术的水平,推进基础研究成果转化,不断增强为海军装备发展服务的能力。

走在前沿,风雨兼程,求实创新,成就卓越。

用责任打造海上“中国制造”

人物简介 孙文强

孙文强，1969 年生，大连贝斯特电子有限公司总经理。中共党员，教授。长期以来一直从事海上交通信息工程专业的教学与科研工作，主持编写专业教程 3 部并参与了我国第一部《船载自动识别系统》专著的编写工作。在国内外发表航海方面学术论文 30 余篇。主持并参与完成多项国家、省部级及横向科研项目，现担任国家海事局航行安全分委会委员。

孙文强的人生注定与大海紧紧相连。生在大连这座海滨城市，从小在海事大学的校园里长大，受父母的耳濡目染，求学时他毫不犹豫地选择了与海、与船朝夕相伴的专业。从大连海事大学海洋船舶驾驶专业毕业后，他成为一名船长。

孙文强曾经是国内最年轻的船长，但这骄人的光环并没有让他迷失人生的航向。在海上航行的那段时间里，他感触最深的是中国航海设备的落后，助导航系统中基本上看不到“中国制造”。他说，当时对此还仅仅感到是一种“局外人”的奇怪和不解而已。

公派留学日本后，他的这种体会越发强烈。主要从事航海技术的孙文强，清楚地看到了我国助导航设备发展滞后的状况，同时也预感到，凭借中华民族的智慧，中国将来完全有可能在船舶配套电子产业上与国外企业平起平坐。

“逐渐地有了一种感觉，那就是我不应该是一个局外人，我要进入角色了。”他说。这种感觉似乎成为一种责任。“我应该回到国内，为国家做一些贡献！”

2001 年，孙文强婉拒导师的挽留，回到国内。2003 年，怀揣着对航海事业的热爱与梦想，创建了大连贝斯特电子有限公司，创业之初全部身家不足 10 万元。“这一步迈出来很难，真正开始做企业还是有很多艰苦的地方。”他坦言,“没有创业园,贝斯特不可能走得这么顺利。”

就在孙文强创业最困难的时候,高新园区给予了强大的支持。通过几年的探索和创新,贝斯特先后研制出了导航、港口航运管理和海上移动目标监控系统,结束了我国远海、近岸船舶监控依赖国外产品的历史。目前,大连贝斯特电子自主研发的港口助导航系统占领国内一半以上市场,对提升中国船舶制造业国产配套率起到重要支撑作用。

对这些成绩,孙文强保持着相当的冷静。他认为,国内的航海装备还是过于落后,尽管我们现在也有了,但是很多地方和国外水平相比还有差距。“人家毕竟有数十年的发展历程了,我们用短短几年时间去超越也很难。但我们的设计理念和国际最新的设计理念是一致的,我们有自己的优势,做的东西更适合国情。我们看到了差距,我们要缩短这个差距!”他说。

先进控制方法应用于实际工程问题

人物简介 孙希明

孙希明，1973年生，大连理工大学控制科学与工程学院教授，国家杰出青年基金获得者，教育部长江学者特聘教授，博士生导师，大连理工大学电子信息与电气工程学部副部长，大连理工大学航空发动机综合控制中心主任。

2006年3月，孙希明在东北大学信息学院获控制理论与控制工程专业博士学位，并先后在英国格拉摩根大学高级技术学院、澳大利亚墨尔本大学工程学院、美国纽约大学科技学院做博士后研究及访问学者。主要研究方向为切换系统、网络化控制系统、非线性控制、航空发动机控制等。目前已经在国际自动控制领域顶级期刊 *IEEE Trans. Automatic Control* 及 *Automatica* 等学术期刊及国内外会议上发表学术论文90余篇，总他引2000余次。2009年获教育部“新世纪优秀人才支持计划”，2011年获国际自控领域顶级期刊 *Automatica* 授予的“2006～2010 *Automatica* 最高引用论文奖”，2013年获“国家杰出青年科学基金”，2014年获教育部“长江学者奖励计划”，2015年获科技部“中青年创新领军人才支持计划”。目前担任控制理论专业委员会委员、中国航空内燃机分会委员、辽宁省人工智能协会副理事长、国际期刊 *IEEE Transactions on Cybernetics* 副编及国内期刊《自动化学报》编委。

航空发动机已经成为国家重大需求，大连理工大学响应国家“十三五”的规划，将航空发动机控制作为学校的一个重要科研方向和新的学科增长点，建立了航空发动机综合控制研究中心，服务于国家科技发展和学校学科建设。

孙希明教授作为中心主任,同中心成员与有关科研院所及高校进行航空发动机方面的紧密合作,针对实际航空发动机工程问题开展应用研究,力争为国家航空发动机的发展做出一份贡献。

献身国防　情系海洋
水中目标特性的领航人

人物简介　李桂娟

人物简介：李桂娟，1964年生，毕业于哈尔滨工程大学信息与信号处理专业，现任中国船舶重工集团公司第七六〇研究所所长助理、水下测控技术国家级重点实验室主任，是国内水中目标特性领域颇具知名度的专家，博士研究生导师。先后被聘为总装某共性专业组专家、总装某标准化技术委员会委员、海军某预研专家组专家。先后获得大连市第四、第五批优秀专家、大连市第二批突出贡献专家、辽宁省无党派人士十佳标兵、大连市第十、十一、十二届政协委员等荣誉和称号，享受国务院政府特贴。

李桂娟，在二十九年的工作历程中，一直致力于海军信息化发展的国防基础科学研究。通过多年来的潜心科研，攻克了一系列制约某专业发展的关键技术问题，获得了20余项省部级奖项，主持完成的项目大部分达到国际先进水平，支撑了海军装备技术的发展。

2006～2015年，李桂娟连续主持完成了“十一五”、“十二五”重点预研项目“目标多基地散射特性获取和分析”、针对目标低频宽带多方位声散射特性获取的需求，突破了多项关键技术，构建了目标声散射特性海上测试方法及测试系统。成果达到当今国际先进水平，在国内首次建立了具有自主知识产权的收发分置声散射强度测试系统、测试方法及海上实测数据，荣获中船重工集团科技进步二等奖。

2010～2014年，李桂娟作为国家安全重大基础研究总体组副组长、专题负责人组织完成了“精细特征”973项目，首次构建了目标精细特征体系，获取的研究成果达到国际先进水平，部分成果达到国际领先，获得3项国防发明专利授权，并荣获国防科技进步二等奖，研究成果已在某装备目标识别原理样机中得到应用。

自2003年11月作为国家级重点实验室常务副主任，到2014年12月被任命为重点实验室主任，她组织团队成功申报了国家及省部级科研项目近百项，荣获省部级科技进步奖近20项，授权发明专利30余项、受理发明专利近百项，发布国家军用标准3部，发表高水平论文500余篇。组织完成了某深远海国家重大专项任务，对于提高未来深远海作战海洋环境信息保障能力，提升装备环境适应性能力具有重大意义；组织完成了某大型目标的目标特性专项测试，首次获取并分析得到了该目标的散射特性、声、光联合特性，等等。

目前，李桂娟正带领着水下测控技术重点实验室全体科研人员深入挖掘“十二五”科研成果，同时，开展“十三五”规划论证与课题申报，秉承“求真务实、夯实基础；着眼应用、科技创新”的理念，深入开展基础科学研究，不断跟踪装备新技术发展，为国防和海军装备建设提供基础技术保障。

分子反应动力学研究领域领军人才

人物简介 张东辉

张东辉，中国科学院大连化学物理研究所分子反应动力学国家重点实验室主任。1967 年生，中国科学院大连化学物理研究所研究员、博士生导师。1989 年毕业于复旦大学物理系，1994 年在纽约大学物理系获得博士学位。先后在纽约大学、芝加哥大学从事博士后研究；2004 年被聘为大连化学物理研究所研究员。

2012 年被评为辽宁省首批“十百千高端人才引进工程”千层次人选。相继获得辽宁省自然科学奖一等奖（2007，2013），国家自然科学奖二等奖（2014）。

张东辉长期以来一直致力于量子动力学理论与计算新方法的发展和分子体系高精度势能面的构造，并通过与实验的紧密合作，在化学反应动力学研究领域做出了突破性的研究工作。共发表论文 170 余篇，以通讯作者或共同通讯作者发表了 8 篇 Science、5 篇 PNAS 等文章，受邀为《美国物理化学年度评论》写综述文章。主要研究方向是气相反应动力学研究、复杂体现的量子动力学研究和高精度势能面的构造。

发展和运用有效的量子动力学方法研究气相分子反应动力学。对于小体系问题，如 $H+H_2$，$F+H_2$，$O+H_2$，$H+O_2$ 等三原子，H_2+OH，$H+H_2O$，$OH+CO$ 等四原子反应，运用含时波包法进行严格的态—态水平的全维量子动力学研究，并注重这些反应中的非绝热现象。对于如 $H+CH_4$，$Cl+CH_4$ 这些多于四原子的反应体系，注重于建立有效的减维模型，力求在现有的计算机条件下进行最精确的计算。

为研究更复杂的量子动力学问题，如质子氢原子在生物分子中的转移，氢原子在固体表面以及固体中的扩散，分子在固体表面的吸附与离解等，致力于发展和运用含时波包法,过渡态波包法,以及连续组态含时自洽场方法,并注重开发与利用基于 MPI 架构的大规模并行计算方法。

高精度势能面是从第一性原理精确研究分子反应动力学的基础。为精确研究多原子分子体系的动力学问题,通过高精度的从头算构造精确的多原子分子体系的势能面。运用有效的势能面构造法构造一批高精度势能面。

张东辉通过理论方法发展和高效计算程序开发,推动了量子反应动力学研究从三原子到四原子、多原子体系的发展,并在分子-表面解离吸附动力学研究方面得到应用。其理论研究不仅解释实验,并在一定程度上实现了预测和检验实验。通过与实验的密切结合,提高了我们对化学反应的认识,推动了反应动力学研究的发展,也使我国在该领域处于国际领先水平。

以专业化的能力和资源加快汽车的智能化互联网化和新能源化

人物简介 简国栋

简国栋，男，1966 年出生，哈尔滨理工大学自动化工程专业硕士。简国栋于 1997 年 6 月加入东软，长期主持东软在汽车电子领域的科研和市场开拓工作。现任公司高级副总裁兼东软汽车电子解决方案事业本部总经理（本部长），兼东软睿驰汽车技术有限公司总经理，兼辽宁省车联网产业创新联盟理事长。

"每年全球有 120 万人死于交通事故，如果能提前 1.5 秒钟提醒驾驶员，90％的事故都可以避免。1.5 秒，我们能做的还有很多。"这是东软集团汽车驾驶安全辅助系统的一则广告。这个系统可以 360 度实时监测汽车周围状况，及时提醒驾驶员规避危险。像这样的汽车电子产品，在东软还有很多，这个由 3000 多人组成的汽车电子产品团队的领军者就是公司的高级副总裁简国栋。

东软在行业技术创新和知识资产开发方面一直走在中国汽车电子行业的前列，简国栋带领汽车电子产品团队致力于车载信息娱乐系统、车载仪表、车联网、汽车辅助驾驶、新能源电池、云服务、实时交通、手机车机互联系统等前端技术的开发，使东软汽车电子业务具备了提供全生命链解决方案的能力。简国栋带领团队取得了著作权 6 个，国家专利 10 件，自主研发汽车电子创新产品 11 款，科研成果实现了产业化，创造经济效益 30 多亿元。

在汽车电子业务领域，东软以往是软件服务提供商。2012 年，观致汽车与东软签订了 31 亿元的车载娱乐信息系统采购意向合同，以此重大里程碑事件为标志，简国栋带领东软汽车电子业务成功地进行了产业整合和转型，实现了东软汽车电子业务的一体化，使汽车电子行业软件厂商第一次走到了硬件厂商的前面,成为车厂的一级供应商,提供自主研发的软硬件集成产品。在市场开拓方面,简国栋带领东软汽车电子业务成功开拓了包括美国、欧洲、日本在内的全球市场,完成了全球化的业务布局。目前,东软汽车电子业务正在与世界范围内的顶级车厂展开合作,包括奔驰、宝马、通用、本田、一汽大众、广汽、奇瑞、长安、华晨、北汽、比亚迪等众多国内外知名厂商。

2015 年 7 月 29 日,东软集团与阿尔派电子合资的东软睿驰汽车技术有限公司成立。此举是东软在汽车电子领域 20 多年发展历程中又一重要里程碑事件。兼任东软睿驰总经理的简国栋表示:“东软睿驰是汽车电子软硬件领域两家优秀公司的合作,既传承两家公司的技术积累,同时也是一次创新和创业的过程。新公司将以新的使命和目标,承担起促进汽车技术领域变革的责任,以开放的姿态,打造新的合作伙伴生态系统,以专业化的能力和资源,加快汽车的智能化、互联网化和新能源化。让汽车成为人类重要的朋友,让软件成为汽车的重要驱动力”。

在简国栋的领导下,东软汽车电子业务已经被打造成为中国一流的汽车多媒体研发与创新中心,并在亚太地区乃至全球不断开花结果!

十年创业路　领军“云医疗”

人物简介　薛杨

薛杨，哈尔滨工业大学机械工程学士，美国阿祖萨太平洋大学计算机硕士。国家“千人计划”特聘专家、大连大学附属中山医院特聘教授、大连市科技创业导师、国家欧美同学会常务理事、美中工商协会常务理事、中国智慧城市发展研究中心特邀研究员。

薛杨于2000年在美国创立SAGA科技（集团）公司，2004年回国创业，2009年入选“千人计划”国家特聘专家，获得国务院侨办颁发的“百名华侨华人专业人士杰出创业奖”。同年在大连创办乐辰科技（大连）有限公司，带领团队研发的“乐辰社区卫生医疗信息系统”成功入选2011年大连海创工程，他在2013年入选大连市领军人才。

薛杨长期致力于医疗云计算、大数据、物联网技术研发与应用工作，并承担多项国家级重大工程项目和重点科研课题，对医疗健康领域科技创新做出了重大贡献。薛杨主持过多项国家级和省市级科技计划和应用示范项目，在研项目近10项，其中包括2013年科技惠民计划、2014年云计算示范工程、2014年物联网发展专项、2015年科技支撑计划等4项国家级项目，带领乐辰团队主持研发云医疗产品，研发的乐辰社区卫生服务信息系统被鉴定为国内领先；研发的电子病历信息服务系统获得科技部国家火炬计划证书；研发的农村居民健康档案服务信息系统获得科技部国家星火计划证书；研发的基于IHE和HL7的数据共享和交换技术以及全科移动诊疗系统成为国家“十二五”重点推广的科技成果；云医疗产品已在海内外多地上线应用，科研成果转化累计创收2亿余元。目前已拥有20余项软著自主知识产权，发表多篇有重大影响意义的论文：在《通讯世界》上发表云计算和大数据助力医疗协同；在《电子信息界》发表物联网、云计算、大数据在医疗健康中的应用；在《国家千人计划专家杂志》发表名为“互联网＋助力分级诊疗”的论文，得到国家各部委行业专家的高度评价。薛杨带领所创办的企业成为工信部2015年国内软件和信息服务业骨干企业，医疗卫生行业竞争力位居全国五强。

薛杨带领公司在多个城市积极参与智慧化城市建设，倡导和发起同行企业成立"智慧城市创新联盟"，并得到了政府和企业的积极响应。2013年6月22日，薛杨受邀参加大连市ICO协会主办的"数字卫生-智慧医疗技术研讨会"，并在会上提出"用智慧医疗来带动智慧城市建设"的建议。2015年8月18日，大连市智慧城市体验中心在大连市科技馆正式开馆。乐辰科技的基层医疗卫生信息服务系统及居民自助体检系统布设在"智慧社区"板块，参观者可通过"乐辰自助体检系统"进行血压、身高体重等项目的自助体检，除此以外，还可通过"乐辰基层医疗卫生信息服务系统"模拟在社区卫生服务中心的预约挂号、门诊、住院、取药等服务，真切体验"服务到百姓最后一公里"的便捷服务，受到了领导及百姓的一致好评。

2015年乐辰大连公司承担了辽宁省基层医疗卫生机构管理信息系统——大连市应用软件部署及项目培训，在大连市卫生和计划生育委员会的领导和支持下，经过一年多的实施，基层医疗卫生机构管理信息系统已完成部署，该系统将覆盖全市1400多家基层医疗机构及乡村卫生所，惠及全市的城市居民。

立足时代前沿和行业专家的高度，薛杨正在带领乐辰公司努力创造新的辉煌！

新领军者(二)

交通与环境土建类

科学合理规划与管控“围填海”

人物简介 于永海

于永海，1964年生，博士，研究员，现任国家海洋环境监测中心海域管理政策与技术研究院院长，国家海洋局海域管理技术重点实验室主任。主要从事海洋管理、海洋测绘及地理信息技术等方面研究，是国家海域使用论证专家库专家，海洋工程建设项目环境影响报告书国家级评审专家，全国海域勘界技术专家组成员。

“浩瀚渤海湾，绝景笔架山。退潮通一路，潮涨走千帆。”曾经有诗人如此描述位于锦州湾口北侧的笔架山天桥。然而，20世纪80年代末期、90年代初期，锦州港的建设，阻断了来自于西向的波浪作用力，仅剩东向一侧的作用力，天桥区域动力环境严重失衡，组成物质在单向的动力环境下，发生了局部向西偏移的趋势，并经历了将近20年的长期作用，出现了3条断裂口，终结了游客徒步登岛的历史。

2011年至2012年，大连人于永海带领的项目组承担了锦州笔架山连岛坝整治修复方案设计工作，完成了包括水文动力、水深地形、地质与沉积环境等项目调查，开展了连岛坝成因机制、受损机理等相关专题的研究，在此基础上编制完成了“笔架山连岛坝(天桥)修复工程项目调查研究”报告，最终制定了笔架山连岛坝整治修复设计方案，完成了对受损天桥的整治修复，使这道靓丽的风景线又恢复了往日的容颜。

于永海出生在大连，从小就与大海结下了不解之缘。博士毕业之前，于永海的生活轨迹基本没离开大连，参加工作了，入职国家海洋环境监测中心，由于工作的原因，于永海开始“四海为家”，近300万平方公里的“蓝色国土”和3.2万公里海岸线成了他的研究对象。

进入21世纪，遍及沿海各个区域的大规模围填海造地活动在拓展沿海地区社会和经济发展空间的同时,也带来了生态退化、环境恶化、资源衰退、社会不稳定等多方面的问题。“典型围填海综合评估体系与应用示范”(2007～2010年)项目是2007年于永海团队申请获批的首批国家海洋公益性行业科研重点专项。项目通过围填海有效调控和规范管理技术体系与方法的研究,实现对围填海规模与节奏的有效调控,空间布局更加科学合理;通过围填海生态系统服务功能影响评价与生态价值估算和补偿,以及围填海水产养殖影响评价与典型养殖品种补偿价值估算方法的研究,使我国的围填海在海洋生态环境保护与促进经济发展的平衡与协调中,得到科学引导和健康发展。

其实,近岸海域资源整治修复和围填海综合评估只是于永海工作的一部分,他还带领团队完成了多项海洋综合管理前沿科研课题,在海洋资源开发与管理、海洋资源规划与区划等领域的研究成果,居国内领先水平,研究成果广泛应用于国家及各沿海省、市海洋综合管理。

他让中国润滑油技术快速提升

人物简介 田志坚

田志坚，1970年5月生，中国科学院大连化学物理研究所研究员，所学术委员会委员，洁净能源国家实验室研究部部长，博士生导师；科技部"中青年科技创新领军人才"(2013)，国务院特殊津贴专家(2006)，辽宁省"百千万人才工程"百人层次(2009)，大连市特等劳动模范(2008—2009年度)。

润滑油被喻为维持机械正常运转的血液，我国是世界第二大润滑油生产国和消费国，有世界上最好的适用于生产润滑油的原油资源，却曾因为没有自主的先进工艺而无法生产出高档润滑油，面临着"捧着金饭碗讨饭"的无奈。

田志坚从事洁净能源领域新催化过程及新催化材料的研究和开发，作为负责人开发出具有自主知识产权的润滑油加氢异构脱蜡催化剂及技术，于2008年和2012年两次在中国石油大庆炼化实现20万吨/年级工业应用，已累计创造产值逾50亿元，使我国润滑油基础油品质和生产水平提升至国际先进水平。

从1999年起，田志坚带领研究团队与企业合作，开始了润滑油基础油加氢异构脱蜡催化剂的研制工作。他发现了制约我国润滑油生产技术水平提高的关键因素，提出了适合我国原油性质的加氢异构催化剂研制双四面体模型。系统研究了分子筛的合成条件、化学修饰、掺杂原子等对催化剂性能的影响，验证近千个配方，通过一系列创新集成，获得12项专利，终于在2002年成功开发出拥有自主知识产权的异构脱蜡催化剂。

在开发的同时，他还进行了大量的应用推广工作。2008年1月，终于促成中国石油大庆炼化进行加氢异构技术的工业应用。作为技术提供方，田志坚带领团队负责指导和监督催化剂生产。从1月到9月，他累计在催化剂厂工作超过120天。10月，他转战大庆指导催化剂装填和开工，曾连续露天工作三天三夜，指挥监督数十吨的催化剂严格按照设计要求装填到40多米高的反应塔内，保证了20万吨/年高压加氢装置顺利开车。自主创新催化剂活性高、产品质量好、基础油收率高，性能显著优于国外同类催化剂，产生了巨大的经济效益。

分子筛是重要的催化和分离材料。研究分子筛晶化机理、创制分子筛新材料是工业催化科学研究的焦点之一。离子热合成是一种在离子液体中合成分子筛的新方法。基于个人研究积累，田志坚对离子热合成策略进行了系统分析和应用设计，认识到离子热独特的合成环境为分子筛合成研究提供了新的机遇。田志坚瞄准这一方向开展系列研究，取得重要创新成果。相关研究的学术论文共发表200多篇，其中在国际化学类顶级刊物《美国化学会志》和《德国应用化学》等SCI收录期刊上发表90余篇。

关英华在工作中

带领团队精打细算 为单位节约上千万

人物简介 关英华

关英华，女，1967 年生，1990 年毕业于哈尔滨船舶工程学院，2011 年取得大连理工大学工程硕士学位，毕业后一直从事船舶设计和开发等技术工作，现任大连船舶重工集团有限公司副总工程师，研究员级高级工程师。在大船集团协助负责油船和散装货船等民船产品开发和 30 万吨超大型油船等的民船技术相关工作。

本以为这位做重工的巾帼女工程师会有副刚毅的面孔，但见到关英华时，眼前的她却是优雅知性，她慢条斯理地讲述了她和团队一起在有着悠久历史的船舶制造行业所做出的坚持和努力。

“大连船舶重工是有着百年历史的优秀船厂，有着中国船舶制造行业的七十多项的第一。特别是作为中国第一个设计并建造 30 万吨超大型油船（简称 VLCC）的船厂，目前 VLCC 系列产品的订单已经达到七十多条，占世界 VLCC 船队近 10%的规模。”作为油船技术团队技术骨干的她自豪地说。

毕业二十几年来，关英华先后参与（主持）了 11 万吨成品油轮、30 万吨超大型油船、18 万吨散货船等许多民船的开发设计、详细设计和配合施工工作，积累了丰富的船舶开发和设计经验。作为大连船舶重工技术骨干，她和设计开发团队依托最新的技术发展趋势，分析国内外最新设计方案和技术指标，不断开发具有国际市场竞争力的新船型；她和设计团队一起组织提炼船东好的营运意见和建议，持续改进并优化升级优势船型的设计方案，取得船东的认可和赞赏。

船舶市场的竞争除了技术上的取胜，再就是合理控制成本，设计的成本控制尤为重要。关英华凭借对工作精益求精的精神，带领设计团队从设计源头上严格控制设计物量，为单位节约了上千万的成本。

关英华还曾多次参与“九五”国家科技攻关和“十五”国家高技术船舶科研开发工作并获得多项科技进步奖。她主持研究的绿色环保型 AFRAMAX 成品油船项目荣获“2009 年度中国船舶重工集团公司科技进步一等奖”。

关英华说，“在船厂工作，也遇到过各种各样的困难，技术挑战不提，就从工作时间上来说，加班加点，会议试航说走就走也是常有的事情。成绩的取得是团队中各个优秀的个体共同努力的结果，我像其他女性一样可能多些韧劲，遇到困难，相信总会有解决的办法，不断学习，和团队一起坚持和努力。”

把全部心血都倾注在做学问上

人物简介 刘彦呈

刘彦呈，博士，教授，博士生导师。1963 年生，1985 年毕业于哈尔滨工业大学电气工程系工业电气自动化专业。大连海事大学轮机工程国家重点学科“舰船混合电力推进与控制”学术方向带头人。主要从事船舶先进电力推进技术、船舶电工新技术与控制、电能高效变换及分布式发电并网技术、船舶机电系统智能化等领域的科研和教学工作。

初识刘彦呈教授，给人一种朴素低调、平易近人的感觉。从机场送别亲人回来，怎么也想不到在记者面前背着双肩包的人就是那个博士生导师，更是不能把他和大连市第二批领军人才联系起来。他平凡得就像一个普通的大学生，几句话熟悉之后，他竟然开口称记者为“老师”，也许这就是一种境界吧。

刘彦呈教授是一个地地道道、把全部心血都倾注在做学问上的学者，在他的眼中只有学生、传道授业和科研。他的办公室和热闹的商业街只有一墙之隔，和他聊起互联网、微信和粉丝，他竟然不太明白粉丝多了就成了自媒体，就可以产生经济效益的道理。而对于学术，他则是这一领域顶尖的佼佼者。近年来，他作为负责人或主要成员，先后完成了国家、省部级以及企事业单位科研项目 20 余项，主持和参与了国家自然科学基金项目“基于多永磁同步电机协同推进的两栖无人艇航迹跟踪控制研究”，国家自然科学基金项目“水面无人艇无风险操纵运动控制研究”，辽宁省自然科学基金项目“基于混沌粒子群算法的非钝性船舶综合电网稳定性研究”及辽宁省科技计划项目“嵌入式高精度智能电能质量检测仪的研究和开发”，大连市科技计划项目“船舶光伏发电并网关键技术研究及电能质量监控装置研发”等，取得了显著的理论、工程实际应用成果，研究成果得到了相关部门和单位的肯定。

三尺讲台，桃李满天下。刘彦呈教授在完成科研之余，还指导硕士研究生

49 人，指导博士研究生 10 人。

刘彦呈教授先后获得辽宁省技术发明一等奖 1 项(排名第一)，辽宁省科技进步二等奖 2 项(排名分别为第二和第四)，辽宁省技术发明三等奖 1 项(排名第一)，大连市科技进步一等奖 2 项(排名第二)，辽宁省科技成果转化三等奖 2 项(排名第二)。获第七届国际发明专利金奖 1 项，第二十届全国发明专利金奖 1 项。获国家发明专利 6 项，计算机软件著作权 1 项。发表学术论文 60 余篇，其中 SCI 收录 8 篇，EI 收录 29 篇，主编和参编著作 3 部。2013 年和 2015 年被评为“辽宁省优秀硕士学位论文指导教师”，2014 年被评为“大连海事大学优秀研究生导师”。

让国产大功率机车登上“世界屋脊”

人物简介 曲天威

曲天威，1974年生，中国北车集团大连机车车辆有限公司总工程师、教授级高级工程师。2013年茅以升科学技术奖铁道工程师奖、2014年第十二届詹天佑科学技术奖青年奖获得者。多年来一直从事铁路机车装备技术创新工作，主持开发了多种内燃机车、电力机车，为中国铁路机车装备技术发展和产品升级做出了突出贡献。

谈到曲天威，人们自然会将他与青藏铁路联系在一起。“百度百科”是这样介绍他的：曲天威，2014年8月15日，拉日铁路（拉萨至日喀则）正式开通，中国北车研制的HXN3高原型火车头亮相“天路”，担当客运和货运牵引职责，这是国产大功率交流传动机车首次登上“世界屋脊”。

曲天威说，青藏铁路是世界海拔最高的铁路，由于青藏高原空气稀薄、气压低、坡道多、隧道长，运用环境恶劣，对机车性能和适应能力要求苛刻。2014年之前，青藏铁路使用的大功率内燃机车主要依赖2004年从美国进口的几十台机车，这些机车不仅整车采购成本高，检修维护成本也高，机车运营严重受国外制约。在国家大力倡导发展民族工业、大力发展制造业、中国铁路技术飞跃发展的今天，中国铁路机车技术也逐渐跟上了世界技术发展的步伐。他认为再让国家去买进口机车确实说不过去，“我们有信心也有能力抓住机会攻克技术难关，让大功率内燃机车登上‘世界屋脊’。”

从2013年7月份开始，曲天威就带领技术团队开始对国内既有大功率内燃机车进行高原测试，确定优化升级方案。经过近一年艰苦而富有成效的工作，首台高原机车于2014年7月20日在大连机车下线。8月16日，拉萨至日喀则线路正式开通运营，在中央电视台的全程直播下，大连机车生产的首台高原机车担当开通首日的客运牵引任务，国产大功率交流传动内燃机车真正登上“世界屋脊”，受到了中国铁路总公司、西藏铁路公司和西藏人民的热烈欢迎和高度评价。

作为中车公司的龙头企业，大连机车肩负着中车机车车辆发展的重任。在这种时代背景和历史机遇面前，作为大连机车这所拥有百年历史企业的研发设计领域带头人，曲天威觉得自己和自己带领的技术团队不仅有了发挥空间和施展才能的舞台，同时也感到了巨大的责任和压力，我们现在不仅要做好国内铁路市场，还要在世界范围内同最顶尖的机车车辆制造商去竞争。我们不仅要打造产品品牌，实现产品输出，还要塑造品牌价值，实现品牌效应，实现技术输出，让中国铁路机车车辆技术标准和体系得到全球范围的认可和推崇，真正实现全球领先。

为了这个目标，曲天威和他的技术团队正夜以继日，钻研技术，突破难关，开拓创新，去攀登世界铁路机车装备技术的最高峰。

希望将科研成果转化为生产力

人物简介 许磊

许磊，研究员，博士生导师。1968年出生。南开大学学士，中科院大连化学物理研究所硕士、博士。现任大连化物所化石能源与应用催化研究部芳烃综合转化研究组组长。研究领域主要集中在分子筛类新材料的合成与应用、甲醇及其衍生物转化反应、对二甲苯及芳烃衍生物制备新技术等方面。

"我长大要成为科学家！"少年时代，我们身边很多小伙伴都有这样的理想。怀有同样梦想的许磊，1992年大学毕业后，选择来到了大连化物所从事科研工作，经过二十余年的努力拼搏，如今已是工业催化方面的专家，手握发明专利百余件，其中一些科研成果已经实现了产业化或正在转化过程中。"从事应用研究多年，现在确实想将科研成果转化为生产力，在工业化生产中得到推广应用，服务于国计民生，为社会发展做贡献。"许磊说，这是一个科学家最有成就感的时刻。

多年来，许磊一直从事催化基础与应用研究，曾承担完成了中科院重大项目"甲醇（二甲醚）制烯烃催化剂改进"、973项目"天然气制乙烯"及中石油技术开发项目"催化新材料的研究"等科研项目。其中最重要的成果是甲醇制取低碳烯烃（DMTO）技术。他举了个简单的例子，塑料袋和塑料桶平常人听起来很熟悉，其制作原料就是聚乙烯和聚丙烯，其上游产品是石油。我国能源结构是富煤缺油少气，有了DMTO技术，就可以用煤代替石油生产乙烯、丙烯等产品，从而实现了低碳烯烃生产原料的多元化。许磊负责完成了DMTO专用催化剂研究开发与工业放大，2006年工业放大催化剂成功应用于甲醇制烯烃（DMTO）万吨级工业性试验项目。2007年负责编制了DMTO专用催化剂工业化生产装置工艺包，指导完成了工业化装置的建设和工业化生产。工业化生产催化剂已成功应用于多套百万吨级甲醇制取低碳烯烃（DMTO）工业化装置中。如今，该技术已签订技术许可20多套，给国内企业应用于工业化生产。

许磊2009年6月担任甲醇及其衍生物转化研究组组长，2012年10月根据项目发展需求，成立了芳烃综合转化研究组并担任组长。目前，他的主攻方向是甲苯甲醇制对二甲苯联产低碳烯烃技术。他带领团队开发了甲苯甲醇制对二甲苯联产低碳烯烃技术高性能催化剂，研究成果获得了8件发明专利授权。2012年完成了该技术流化床工艺百吨级中试并通过了由中国石化联合会组织的技术成果鉴定，专家组认为“技术指标先进，达到了同类研究的国际领先水平”。为了进一步提高该技术各项指标，他又负责开展了移动床催化剂和工艺技术研究，并与相关企业签订了千吨级中试合作开发项目，预计于2016年完成。

年 轻 的 教 授 伊 廷 华

为重大土木工程服役安全把脉

人物简介 伊廷华

伊廷华，1979年生，大连理工大学教授、博导、土木学院副院长。主要从事结构安全监测的研究，国家青年973计划项目首席科学家、国家创新人才推进计划中青年科技创新领军人才、国家基金委首批优秀青年科学基金、教育部新世纪优秀人才、辽宁省百千万人才工程（百人层次）；成果获国家技术发明和科技进步二等奖各1项；荣获荷兰Elsevier中国高被引学者榜、首届ICCEE杰出青年科学家奖、中国振动工程学会青年科技奖、辽宁省青年科技奖十大英才等荣誉。

初见伊廷华，很难想象眼前面容俊朗、略显稚嫩的他已经破格晋升为教授已有3年，一连串耀眼的学术成绩更是令人心生敬佩。

“结构健康监测就是利用现场的、无损的、实时的方式采集结构与环境信息，分析结构反应的各种特征，获取结构因环境因素、损伤或退化而造成的改变”，一聊起专业，他的话匣子就打开了，言谈中透射出他那种发自内心的自信。伊廷华教授的研究领域是对工程结构的服役安全进行监测，这是土木领域近年发展起来的一种新兴技术。这种技术将力学意义上“死”的土木结构，赋予智能功能与生命特征，使其以生物界的方式感知结构内部状态和外部环境，在线把握结构的“健康”状态。目前，我国每年土木基础设施的建设规模已超过世界上其他所有国家的总和，如何确保这些重大工程的长期服役安全迫在眉睫，而结构健康监测为解决该问题打开了一个新的突破口。

“年纪轻轻便成为国家985重点大学的教授，是否感到有压力？”面对记者的提问，他自信地回答道“还好，自从进入这个领域，自己就知道该做什么和怎么做”。伊廷华于2007年博士毕业担任讲师，2012年即破格晋升为教授。自从确定研究方向的那一刻起，伊廷华就深深地爱上了这一行。十几年来，他每天早上七点多钟就来到办公室，一直到晚上近十点才离开。

数年如一日潜心科研和严谨治学的态度，也为他换来了丰硕的成果。他先后主持20余项科研项目，特别是2014年他牵头获得了国家重点基础研究发展计划(973计划)青年科学家专题项目，这是我国结构与桥梁工程领域第一个青年973项目。他出色的研究也得到了国际同行的认可。“对一名工程师最大的褒奖，就是看到自己的成果对工程问题的解决”，伊廷华谈道。目前，他所在团队的研究成果已成功用于世界最大跨度弦支穹顶结构“大连市体育馆”等几十项重大工程，取得了显著的经济和社会效益。2014年，他一举摘得了我国土木建筑领域最高级别的科技奖励——华夏建设科学技术一等奖。

虽然风华正茂，但他已有了数量不少的白发；虽然成绩斐然，但他却谦虚地表示只是比同龄人更幸运一些。采访中，伊廷华言谈举止间传递出的敬业勤勉、求真务实的态度，深深地感染了记者。采访一结束，他立即走向了实验室……

立足国家需求　领跑仪器创新
他研制的仪器曾用于北京奥运安保

人物简介　李海洋

李海洋，1964 年出生。1984 年毕业于郑州大学化学系，1992 年在中科院大连化物所获博士学位。1999 年入选中国科学院“百人计划”工程，2000 年～2004 年在中国科学院安徽光学精密机械研究所担任环境光化学实验室主任。2004 年至今，担任大连化物所快速分离与检测课题组组长，开展高端过程分析仪器和在线监测技术的研究。

和李海洋约定采访时间时，他刚应邀参加完在奥地利举行的国际呼出气研究高峰论坛回到国内，这次论坛上，他向与会嘉宾介绍了自己的科研成果：高端质谱仪和离子迁移谱在诊断哮喘方面的应用，得到与会同行的一致认可。对于普通人来说，李海洋的研究领域很深奥，但其科研成果却与民生息息相关。

还记得北京奥运会前后，出入机场都有安保人员用一张纸条在乘客行李上划几下，然后插入一个机器，当时记者还纳闷：一张纸条能检出什么？李海洋解释说，这个仪器就是他的科研成果的一部分，是检测爆炸物品的。纸条是样品试纸，仪器将纸条上的小分子电离后，几秒钟就能辨别出其成分。该仪器在北京奥运会、山西太原国际煤炭博览会期间为多个军用机场和部门提供多套爆炸物探测仪，还为香港警方提供 2 套用于炸药和毒剂迁移谱高灵敏检测的仪器，服务于上海世博会。李海洋说，在检测炸药方面，他的成果已经处于国际领先地位，他研制的新型滴定结构离子迁移管，将黑火药、爆竹的检出限提高了 6 个数量级。基于这些关键技术突破，他又成功研制了国际首款可同时检测爆炸物和毒品的非放射性光电离源离子迁移谱仪，并一次性顺利通过公安部的 31 项检测。目前，离子迁移谱技术已经转让给企业进行市场推广。

以上仅是李海洋及其团队的一个研究方向,目前,他的实验室有研究人员40余名,近年来先后承担和完成了多项仪器开发任务。面对国家安全、生态环境和生命健康对分析科学的迫切需求,他们基于飞行时间质谱技术、微分迁移谱技术、新型电离源等,开展用于现场快速检测的高端分析仪器和在线监测技术的研究。

李海洋的研究成果还为我国环境科学研究提供了科学依据和重要支撑。目前,团队在高新区孵化基地建立了一个实验室,量产部分生态环境检测仪,可在危化企业周边实施24小时连续监测,避免危险化学品跑冒滴漏,污染环境。“这批检测仪经过一段时间试用后,我们要把相关数据提供给国家有关部门,建议使用该技术来完善危化品监测预警机制,变事后治理为事前预防。”李海洋满怀希望地说。

填补国内多项空白的大船设计师

人物简介 张恩国

张恩国，1967 年生，1991 年毕业于哈尔滨船舶工程学院，2011 年取得大连理工大学工程硕士学位，从事船舶与海洋工程设计、研发工作 22 年，目前担任大船设计所副所长兼副总设计师，研究员级高级工程师，是大船集团船舶与海洋工程研发方面的主要技术带头人。先后主持了 2 项以上国家工信部、国家发改委的科研攻关项目，有力地促进了我国船舶和海洋工程的技术进步。

眼前的张恩国儒雅平和，做起设计来却有股不服输的劲头。张恩国回忆道："十年前，自升式钻井平台长期以来一直被外国人垄断，国内还没有设计制造这种级别平台的先例，我们没有任何经验可以借鉴。起初做这项设计是与美国的一家设计公司合作，他们给出的基本设计合同价格是很低的，认为我们将来做详细设计时还得找他们。"但张恩国却不信：外国人能做好的工作，我们为什么做不好？他带领研发团队精心策划、刻苦钻研，攻下了结构设计、钻井系统配置等难关，一举获得成功。于 2007 年交付的首座 121.92 米水深系列自升式钻井平台，在业界引起较大轰动，这是到目前为止我国设计建造的作业水深最深、现代化程度最高的自升式钻井平台。该产品的成功设计建造，填补了国内造船业空白，技术水平达到当前国际先进水平。

早在 2004 年，张恩国成功主持开发的我国第一艘自主设计的 30 万吨超大型原油船，开创了中国人自己设计建造 VLCC 的历史，填补国内空白，被国际航运界评价为"超经济型 VLCC"。目前大船集团已承接此船型 60 艘，交付船东 50 艘。2011 年，张恩国又主持完成了我国目前自主设计建造的最大的 10000TEU 集装箱船的设计开发，而在这之前，大型集装箱船的设计建造都由日本、韩国垄断，以此为标志，大船集团集装箱船建造进入万箱时代。

2012年,张恩国提出了开发“少压载水 VLCC”新概念船的理念,该项目具有显著的技术前瞻性和绿色环保性,极具研发价值。目前已创新开发了新型线型、新型分舱布置、新型防泥沙布置方案等,在造船界产生了很大影响,已获6项国家专利,成功开发了具有世界领先水平的、前瞻性的“少压载水 VLCC”设计方案,在造船界产生了很大影响。至今,张恩国获省部级以上科技进步奖5项,获授权专利7项。

科技创新永远是赢得竞争、赢得未来、实现持续发展的关键,而符合企业自身发展需要的节能、环保、高效并满足最新国际公约的新船型,将成为细分领域的领跑者。张恩国有一份紧迫感,他将始终站在船舶研发和设计建造的前线,发挥团队凝聚力,不断致力于技术和产品创新,通过加倍努力,为在新一轮“绿色船舶开发”中占据主动,为提升我国船舶业的竞争力贡献自己的力量。

船舶设计来不得半点虚假

人物简介 姜福茂

姜福茂，1966 年生，1989 年毕业于上海交通大学，2011 年取得大连理工大学工程硕士学位，毕业后一直从事船舶设计、开发及海洋工程设计建造方面的研究。现任大连船舶重工集团有限公司副总工程师，设计所常务副所长，研究员级高级工程师。辽宁省第四批百千万人才工程百人层次人选；辽宁高层次科技专家库专家；国家能源局科技进步奖等诸多荣誉。

约访姜福茂，算是比较幸运，在外地出差的他，刚好回到大连，没想到的是，采访当天，姜福茂竟是带伤来的。脚骨骨裂对姜福茂来说，算不了什么，先前他正是这样带伤到北京参加了工作会议。和大船打交道这二十多年来，姜福茂在船舶开发设计和技术岗位上积累了丰富的船舶设计和新船型开发经验，成就了不平凡的业绩。

2009 年，由姜福茂负责的 4250TEU 巴拿马型集装箱船设计建造技术，该产品的设计开发，为大船集团占领集装箱市场提供了技术基础，共承接订单 49 艘，是目前最大系列的船型，同时经过设计和建造技术的创新，使该船的建造水平和周期达到了韩国同类产品的水平，为国内船舶企业技术进步做出了贡献。

因大学所学的是海洋工程专业，之后姜福茂被调用到负责海洋工程的项目领域。他主持的国家发改委“十一五”重大装备项目——深水半潜式钻井平台设计建造技术研究课题，获得 2010 年中国船舶重工集团科学技术一等奖、2010 年中国造船工程学会科学技术二等奖、2011 年国家能源局科技进步一等奖。姜福茂回忆道，“干第一条船很难，主要就难在总体性能、重量控制、总体布局这三方面，还好自己学生时代所学的基础知识派上了用场，船东也给我们提供了不少的国外船舶资料做参考,当时我们与美国的一家设计公司合作,他们给我提供了基础的设计资料,而更详细的设计完全都是我们自己研究的。”凭借着虚心好学、不怕吃苦、刻苦钻研的精神,姜福茂和他的团队不仅完成了第一条深水半潜式钻井平台的设计建造工作,还在这条船上发明了几个专利,得到了船东的认可和赞许。

姜福茂组织研究的成果已经全部应用到实际产品的研发和建造当中,相关产品实现了产业化,为企业开拓了新的领域,调整了产品结构,更带来了可观的经济效益,以深水半潜式平台为例,目前已经承接了 4 型同类型产品,实现收入超过 5 亿美元。

“搞设计来不得半点虚假,如果出了问题,早晚是要被发现的,而到时候会出大问题,不好高骛远,脚踏实地地做好眼前事。我这样要求自己,也同样要求干活的人能够在工作上不要有所隐瞒。”姜福茂用朴实的话总结道。

新领军者(二)

农林渔牧水与食品类

生物催化与生物分析领域的辛勤耕耘者

人物简介 田晶

田晶出生于1966年3月，是大连工业大学的生物工程学院的一名教师，她是博士、二级教授、博士生导师。享受国务院政府特殊津贴专家、生物工程学院教师。2008年被评为享受国务院特殊津贴专家，2009年入选辽宁省“百千万人才工程”百人层次。

田晶从事生物催化与生物分析方面的研究26年，是辽宁省发酵工程重点实验室学术带头人、大连工业大学轻工技术与工程博士学位授权一级学科发酵过程优化与产品制备技术方向带头人，江南大学特聘博士生导师。

近五年，主持生物催化与生物分析领域的科研，主持国家自然科学基金、辽宁省自然科学基金、辽宁省高等学校优秀人才支持计划及辽宁省高等学校科研计划重点实验室项目各1项。

取得了“燕麦β-葡聚糖的高效提取及生物转化”及“生物催化转化制备高活性油茶皂甙”等成果，经辽宁省科技厅组织专家鉴定，研究成果整体达到国际先进水平，低温浸提和果胶酶＋淀粉酶处理工艺及利用米曲霉和黑曲霉菌株提取到的水解酶催化转化油茶皂甙技术达到国际领先水平，获授权发明专利1项。2012年“燕麦β-葡聚糖的高效提取及生物转化”项目获得大连市科技进步一等奖，2009年论文 *Phenotype differentiation of three E. coli strains by GC-FID and GC-MS based metabolomics*（采用气相色谱一氢火焰离子化检测器和气相色谱一质谱联用技术基于代谢组学方法进行三种大肠杆菌菌株的显型区分）获得辽宁省自然科学学术成果二等奖，2010年论文 *Optimization of a GC-MS metabolic fingerprint method and its application in characterizing engineered bacterial metabolic shift*(气相色谱一质谱联用代谢指纹分析方法最佳化及其在描述工程菌代谢迁移特征中的应用)获得辽宁省自然科学学术成果三等奖。2008 年被评为享受国务院特殊津贴专家,2009 年被评为辽宁省“百千万人才工程”百人层次人选,2010 年被评为大连市第五批优秀专家。撰写文章被 SCI 收录 9 篇、EI 收录 6 篇。主编专著 1 部,参编 3 部。任中国色谱学会理事。带领团队取得生物催化与生物分析领域多项创新性研究成果。

立志做农作物的"绿色医生"

人物简介 吕国忠

吕国忠，1964 年生，博士，主要从事真菌分类与资源利用研究工作，现为大连民族大学环境与资源学院院长，校优秀学科带头人，校二级教授和特聘教授。已主持国家自然科学基金项目 5 项，科技部基础工作专项子项目 1 项。发表学术论文 150 余篇，其中 SCI 收录论文 12 篇；出版学术著作 14 部。现任中国菌物学会常务理事和辽宁省植物保护学会常务理事。曾入选辽宁省"百千万人才工程"百人层次人选。

从大学毕业到留校任教再到出国留学后归国，大连民族大学环境与资源学院院长吕国忠的视野始终那么接地气。

1982 年到 1992 年这十年，出身农家的吕国忠在沈阳农业大学从本科读到了博士。然后留校任教直到 2004 年被引进到大连民族学院（现为大连民族大学）民族地区生物资源与环境研究所工作。多年来，吕国忠主要从事真菌分类与资源利用研究，大年初二就回到办公室工作的他"总感觉时间不够用"，除了正在主持的多个国家级项目外，即将编撰完成的《中国真菌志·镰孢菌卷》（科学出版社出版）系统地描述了我国镰孢菌属真菌近 50 个（包括 1 个新种），体现了我国关于镰孢菌属分类的最新进展。这将成为我国农作物镰孢菌病害的病原鉴定、饲料和食品安全中镰孢菌鉴定及其真菌毒素检测、出入境危险性植物检疫对象的鉴定和检疫的重要工具书。

采访中，吕国忠向记者讲述了发现三裂叶豚草生防锈菌的"段子"。有一年圣诞节，在英国做访问学者的他参加圣诞晚会，"台上演得很热闹，但我和他们的幽默却很难对接"，坐在台下的他意外结识了一位年长的外国女生物防治学家。三句话不离老本行，两个人的"闲聊"竟拓展了吕国忠的研究思路。后来，经过一系列科学研究，吕国忠成为我国最早也是亚洲最早发现我国重要外来入侵有害生物三裂叶豚草生防锈菌的专家，并在我国最先开展了利用锈菌防治三裂叶豚草的应用研究。在辽宁省已推广应用47350公顷，取得了显著的经济效益、社会效益和生态效益，于2014年获辽宁省科技进步三等奖。

吕国忠做科研始终坚持基础研究和应用研究不分家。近两年来，他还帮助指导贵州省铜仁市的多个民族县(区)发展食用菌产业，在实验室培训技术骨干，在菇房和田间指导菇农生产，取得了显著的经济效益和社会效益，已使众多家庭脱贫致富。另外，通过对各种环境条件下土壤真菌的分离培养及分类鉴定，明确了土壤真菌的多样性规律，分离保藏了大量活体真菌菌株，并从中筛选出了许多可用于人参皂苷生物转化的高效真菌菌株，申请获得了授权国家发明专利4项，目前正在与一家高新生物技术企业合作开发。

用心走一段最美的人生旅途

人物简介 吴斌

吴斌，47岁，博士后，辽宁出入境检验检疫局动植物产品检测中心副主任，从事食品安全及动物检疫方面的研究25年，是国家级特种经济动物检测重点实验室的带头人。在食源性致病菌、动物检疫、天然毒素、食品安全、实验室管理、国家标准样品研制、能力验证等领域做出了一定的贡献。获国家质量监督检验检疫总局“科技兴检奖”一等奖1项、二等奖3项，三等奖8项。

在我国质检事业的发展历程中，涌现出许许多多辛勤耕耘、造诣精深的各级干部、专家学者和一线工作人员，他们在各自岗位上以其智慧和汗水不断取得新成绩。作为辽宁出入境检验检疫局动植物产品检测中心的副主任，吴斌是他们之中的普通一员，但在她身上，却有着不平凡的事迹。

二十多年来，吴斌一直奋战在检验检疫的第一线，她刻苦钻研的工作态度，严谨的工作作风和无私奉献的精神，体现着检验检疫人的本色，彰显着“国门卫士”的精神，感染和激励着身边的每一位同志。她立足本职，刻苦钻研，勇于创新，以实际行动表达着她对检验检疫事业深深的热爱。

1990年，走出大学校门的吴斌走上了她心仪的岗位，成为当时辽宁商检局第五检验处的一名检验员，从此与食品安全结下了不解之缘。在那之后的25年里，她一直奋战在检验检疫一线，在食源性致病菌、天然毒素、食品安全、实验室管理、国家标准样品、动物检疫等领域取得了突出的业绩。共完成科技部、国家质检总局、辽宁省、大连市、辽宁出入境检验检疫局等科研项目40余项；获国家质检总局“科技兴检奖”一等奖1项，二等奖3项，三等奖8项；主持完成国家标准样品20余项、国家标准8项、行业标准16项；先后在国家级和省部级刊物上发表论文40余篇；获得发明专利5项……

在做好自身工作的同时，吴斌也开始领导一个“庞大”的团队。这个30多人组成的团队里，成员包括丹东（含东港）、沈阳、营口等分支检验检疫局的科研人员，还有省内外大专院校的科研人员。吴斌和她的团队在水产品加工、食品生产、环境保护、海洋生物等领域进行了天然毒素风险评估的研究，这个研究应用价值巨大，国家可以根据这些研究为人民群众提供一些食品安全方面的建议。2010年，她带领团队与中国检科院联合开展荧光纳米技术定性和定量检测食源性致病菌的研究，其技术达到国际领先水平；2011年，她主持完成的国家质检总局项目“食品中痕量病原微生物纳米稀土荧光探针的制备及快速检测技术的研究”已经通过了鉴定，并取得了较好的应用价值……

“把每一天当成最后一天过。”这是吴斌的人生格言。“这不是消极或者悲观，把每一天当成最后一天过，是给我自己的激励，我告诉自己，每一天都不要虚度，要过得有意义，用心走一段最美的人生旅途。”吴斌这样说。

“不跨界，在自己领域扎实干下去”

人物简介 迟世春

迟世春，1964 年出生，大连理工大学教授，博士生导师，主要从事筑坝土石料静动力本构关系及高土石坝抗震研究工作。主持国家自然科学基金项目 5 项，“十五”国家电力公司科研项目以及中国水电工程顾问集团科研项目等专题的研究工作。

采访前就在网上搜索迟世春的信息，其中某教育网站上有这样的留言：“对学生比较有耐心，喜欢上老师的课啊，讲得很好。”“非常认真，听老师的课会得到一定的启发。”“相当赞的课，我上过，很不错！大力支持，真是好老师”……这些亲切的话语，立马拉近了我和采访对象的距离。

初见面，迟世春耐心地对记者讲解关于水利水电工程方面的专业知识，讲述着他参与的一些工程自己扮演的是什么“角色”。“说白了，你也可以理解成我的研究领域就是对工程安全进行评估。”迟世春告诉记者，他从事土石坝抗震方面的研究 25 年了，目前是大连理工大学水工结构工程国家重点学科的博士生导师。近五年，他主持国家自然科学基金 5 项及高等学校博士学科点专项科研基金等项目。2014 年“超高心墙堆石坝关键技术及应用”项目获国家科技进步二等奖，2012 年“高土石坝抗震设计理论研究与工程应用”项目获国家科技进步二等奖，2011 年“高土石坝地震破坏机理、动力分析方法及其抗震对策研究”项目获教育部科技进步一等奖，2010 年“粗粒土静、动力工程特性研究及工程应用”项目获辽宁省科技进步一等奖，2012 年“超高心墙土石坝关键技术研究及工程应用”项目获云南省科技进步一等奖，2008 年“核电站海域工程堤防构筑物抗震安全评价研究”项目获教育部科技进步一等奖，2009 年国家“十五”规划教材《水工建筑物》项目获国家级教学成果二等奖(8)，2011 年“200m 级以上高心墙堆石坝关键技术研究及工程应用”项目获中国水电工程顾问集团公司特等奖。2008—2013 年撰写文章被(SCI、EI)收录 42 篇次。

担任《岩土工程学报》《水利水电科技进展》《水利与建筑工程学报》编委等学术职务。带领团队取得多项土石坝相关研究成果。

除此之外，迟世春所带团队近年来研制完成了“粗粒土大型单剪仪”“粗粒土大型流变压缩及三轴仪”等设备。迟世春教授告诉记者，他不会“跨界”，会一直在自己的领域扎实干下去。下一步，他将继续深入开展土的工程性质及土工建筑物抗震的研究工作。

为大连海参“保驾护航”

人物简介 周玮

周玮,1963 年生,大连海洋大学教授。国务院特殊津贴获得者,全国农产品地理标志评审委员会委员,大连市水产养殖领域首席专家,大连市发明协会副理事长。主持国家“十一五”、“十二五”科技支撑项目、国家农业科技成果转化资金项目、国家星火计划项目,省、市级项目多项。获国家科技进步二等奖 2 项;省级科技进步一等奖 2 项,二等奖 3 项,三等奖 5 项。从事海珍品养殖技术研究 30 余年,虾夷扇贝增养殖和海参健康养殖等领域的研究成果在大连市水产养殖产业领域得到了广泛应用。

作为大连市海洋与渔业局首席水产养殖专家,周玮长期跟踪研究我市海参养殖产业,特别是海参养殖死亡灾害的机理研究和死亡灾害的预报与预警技术研究,已形成了国内领先的理论成果和相关技术、专利成果。主持“大连市海参养殖病害防控体系建设”,为大连市年产值 200 亿元的海参产业的健康稳定发展提供了技术保障。

在团队建设和管理上,周玮十分重视团队的实战能力,强调跳出“学科模式”实施“无缝化运行”。周玮所领导的技术团队具有两个特点:一是根据需求搭建团队。通过“中小企业服务中心”和“产业联盟”两个技术和产业平台,针对产业和社会具体问题,整合学校和社会资源,建立产、学、研紧密结合的工作团队,集中优势力量解决产业问题。二是走出校园,社会化管理。他所领导的技术平台,均按国家法规进行工商注册、民政局注册、资质认定,按照企业或社会组织的标准实施经营和管理。

在团队工作中,周玮突出的工作特点是深入生产第一线,针对具体问题选题,结合生产开展研究、用生产结果评价研究成果。2005 年以来,作为首席专家,周玮领导技术团队配合政府部门开展了大连市海参养殖病害防控建设工作，长期为政府提供海参养殖环境和养殖病害监测，同时进行病害预警等相关研究工作，还主持大连市政府设立的“海参病害120”热线电话，每年主持海参产业培训6次，常年为海参养殖企业提供无偿服务。2006年以来，他主持大连市海参养殖病害预警与预报工作，多次发布“灾害预警”，为海参养殖产业提供了有力的技术保障。他领导的团队直接在生产过程中开展科研活动，研究成果第一时间应用于生产实践，直接实现成果的产业化效果。因此，他领导的团队所完成的科研成果，也都产生较大的经济效益和社会效益。

周玮主持完成的科研项目，先后获国家科技进步二等奖2项；省级科技进步一等奖2项，二等奖3项，三等奖5项；其他奖励十余项。此外，周玮在日常工作中热衷于利用团队中科技人员专业知识为社会公益事业提供服务。团队同志在正常工作之余，还积极承担大连电视台“农科快车”栏目技术顾问，通过“大连市水产产业技术创新联合会”的工作平台，无偿为社会提供相关服务。在辽宁省“五点一线”滨海路建设、“7·16”石油泄漏事故和“大连临空产业园建设”等政府重大项目和事件涉及的渔业单位补偿评估工作中，他及其团队发挥自己的专业特长，积极配合政府有关部门，在没有任何理论和实践资料可供借鉴的条件下，创造性地开展工作，在有效地解决了项目实施带来的社会矛盾的同时，推动了学校的学科建设和发展，获得了多方面的收益和好评。

一直走在创新路上的“绒山羊博士”

人物简介 金梅

金梅，1966年生，辽宁师范大学生命科学学院教授、系主任，从事我国特有遗传资源绒山羊遗传特性方面的研究15年，是辽宁师范大学动物遗传、细胞生物学学科的带头人，硕士生导师，2010年获大连市人民政府颁发的大连市第五批优秀专家荣誉称号，2013年被聘为辽宁省特聘教授，现任辽宁省畜牧兽医学会养羊学分会常务理事社会职务。

1999年毕业于大连医科大学的金梅，目前从事的专业是动物遗传育种。从1985年考入东北师范大学生物系那天起，她就与生命科学结下了不解之缘，先后在东北师范大学、吉林农业大学、辽宁师范大学、大连医科大学、英国格拉斯哥大学、大连理工大学学习和工作。

近五年，金梅主持了科技部科技支撑计划重点项目子课题“常年长绒型辽宁绒山羊新品系选育扩繁及产业化示范”1项、国家自然科学基金“辽宁新品系绒山羊绒细度相关基因和蛋白的研究”和“辽宁新品系绒山羊新基因K26和KAP26.1功能和作用机制的研究”共2项、大连市科技局下达的大连市科技计划项目“我国特有种质遗传资源瓦房店新品系绒山羊生产性状优势基因型分子育种的推广应用及功能基因和蛋白的进一步研发”、“辽宁新品系绒山羊cDNA文库的构建和绒相关基因蛋白的研究及其应用”和“辽宁绒山羊新基因生物学特性的研究及应用”等科研项目。

其中，“辽宁新品系绒山羊cDNA文库的构建和绒相关基因蛋白的研究及其应用”项目经大连市科技局鉴定，对可参与羊绒粗细调控的基因研究居国际先进水平，项目整体研究居于国内领先水平，科研成果应用于畜牧业领域，实现了产业化，创造了显著的经济效益。2009年“辽宁绒山羊高产系选育及绒毛品质相关性状的研究”项目分别获得辽宁省科技进步三等奖、大连市科技进步一等奖;2014 年"常年长绒辽宁绒山羊控绒基因研究"获辽宁省畜牧科技贡献一等奖;"辽宁绒山羊 cDNA 文库的构建和绒相关基因蛋白的研究及其应用"获得大连市科技进步一等奖。

金梅所带领的团队多年来从事我国特有遗传资源辽宁绒山羊的研究工作,目前,已经形成了具有自己研究特色的科研领域和梯队团体,研究成果丰富,对推动我国经济动物生物技术的研发以及动物产业的发展具有重要的科学和理论意义。他们先后承担了科技部、国家自然科学基金及省、市科研项目等三十多项。所承担的项目先后获得辽宁省科技贡献一等奖,大连市科技进步一等奖等奖项。

水产养殖专家干的都是接地气的事

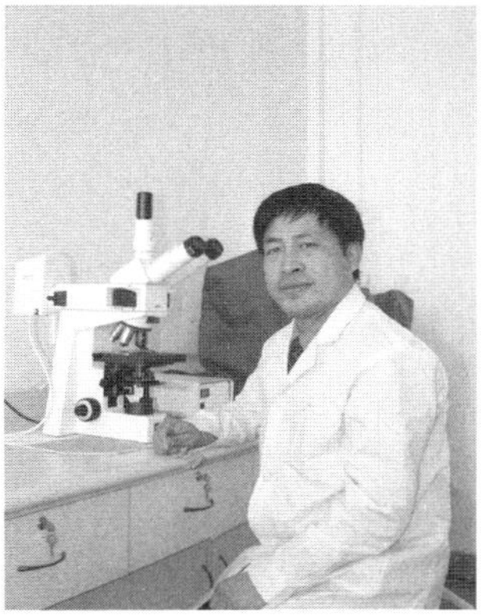

人物简介 赵文

赵文,1963 年生,教授。曾任大连海洋大学生命科学与技术学院院长、研究生学院院长。兼任中科院海洋研究所和中国海洋大学博士生导师,国家自然科学基金委员会第十二届专家评审组成员,辽宁省生态学会理事;中国水产学会淡水养殖分会委员;中国水产学会观赏鱼分会副主任委员;《大连海洋大学学报》副主编;《现代渔业信息》编委;《生物学杂志》编委;《微生物学杂志》副主编;《生态学报》编委;辽宁省动物学会理事;辽宁省微生物学会常务理事;辽宁省生物技术协会理事。享受大连市政府特殊津贴,国务院政府特殊津贴;辽宁省特聘教授。

要说赵文研究的事儿,那可是跟咱老百姓密切相关——海参如何实现绿色养殖?大连人爱吃的海货比如蛤、蚶、蛏怎么才能高产?如何“以鱼养水”,实现水资源的可持续利用?怎么样,这些够接地气吧?赵文是大连海洋大学教授,现为辽宁省水生生物学重点实验室主任,“近岸海洋生物多样性及其可持续利用”创新团队带头人,主要从事水生生物学和水产养殖学研究,特别是水域生态学和盐湖生物学方面在国内外有一定的影响。

翻看赵文的科研项目目录,获得国家、省、市科技部门基金支持的重大项目就有几十项:滩涂养殖污染控制与清洁生产技术研究与开发;海水重要养殖动物池塘养殖结构优化……这些项目一看上去,不管懂的、不懂的,老百姓都能感觉到这是在为国家和城市的环保、水资源的利用、我们的餐桌做贡献。

在教学方面,赵文曾获辽宁省教学成果一等奖 2 项、二等奖 2 项。发表教研论文 8 篇,出版教材 10 部。主编国家“十一五”规划教材 2 部——《水生生物学》和《养殖水域生态学》,分别获全国高等农业院校优秀教材和辽宁省精品教材。

我国是人口大国,水资源的可持续利用一直都是科研工作者们研究的课题。2012年,赵文作为第一完成人的“辽宁省大型水源水库的保水渔业及水资源持续利用研究”,通过了辽宁省科技厅的组织鉴定。该项目采用水域生态学、水生生物学等理论,调查明确了辽宁省4座大型水源水库水环境特征、生物及渔业特点,构建了控制水库富营养化的改进的Dillon模型,利用生态健康指数法(EHI)对4座水源水库的生态系统健康状况做了评价,提出了科学发展渔业生产的建议,以达到“以鱼养水”和“保水渔业”的目的,实现水资源的可持续利用。项目投入运行后,2007～2012年4座水源水库每年向辽宁省供水单位优质供水,共创产值2.41亿元,利税6675万元,实现渔业产值6700多万元,利税1700多万元,取得了较高的经济效益、社会效益和生态效益。该项目对辽宁其他水源水库未来的合理化开发及其水生物资源的可持续利用起到了典型的示范作用,甚至对全国水库大力发展“保水渔业”意义重大。

采访中,赵文表示,科研课题就是要解决实际问题,而在探索解决之道的过程,尽管艰辛,但他和他的团队享受其中。

扎根于产业一线的科技人才

人物简介　梁峻

梁峻，1979 年生，2009 年参加工作，毕业于中国科学院海洋研究所，海洋生物学专业，博士学位，中共党员，现任獐子岛集团股份有限公司执行总裁。曾荣获国家科技部“中青年科技创新领军人才”、“大连市青年岗位能手”、“大连市 2010～2011 年度劳动模范”、第二批大连市领军人才培养工程人选等荣誉称号，获得“大连市五一劳动奖章”。

梁峻毕业于中国科学院海洋研究所海洋生物学专业，科班出身，年轻有为。自 2009 年进入獐子岛集团股份有限公司以来，梁峻曾先后主持或参与了国家“十二五”科技支撑项目、国家“863”项目、农业部重点园区基础设施项目，以及省市重大专项等 32 个重大渔业前端课题，在我国水产行业种质创制、良种扩繁、生态养殖、技术提升等众多领域进行了积极探索，并取得了显著成效。

多年来，梁峻致力于以“良种、良技、良境”为优势建设可持续发展的现代海洋牧场建设工作，在良种创制、良境培育、良技服务方面掌握了先进的技术，走到了行业前列。

在良种创制方面，建设种业平台，构建“互联网＋海洋”下的“海洋生物技术＋种子”为核心的海珍品增殖养殖技术服务平台，以“贝、藻、鱼”为核心品种，进行种质的研究、创新与产业转化，通过应用物联网、大数据技术，实现良种“育、繁、推”的全环节掌控，即以良种创新为核心驱动力，通过自身扩繁示范和养成示范带动社会化扩繁和社会化增养殖。目前，“獐子岛红”虾夷扇贝、三倍体单体牡蛎、“大连 1 号”杂交鲍等新品种引进与培育，以及皱纹盘鲍、厚壳贻贝等土著品种改良与扩繁等项目在獐子岛海洋种业平台建设中已经初具规模。

在良技服务方面，基于生态系统的现代渔业全流程追溯管控、大数据服务、海洋牧场智能化管理、装备研发、水产品加工及贮运等全产业链关键技术展开研究，建设成为辽宁省乃至国家现代渔业海水育种、增养殖、生态修复、装备、加工、信息化、食品质量安全等领域的技术创新平台、成果转化平台和人才培养平台，用科技创新带动产业升级，为我省乃至我国海产品现代渔业产业发展做出更多贡献。

在良境培育方面，实施轮播轮捕、休耕养护、精细化管理，每年向海底自然投放各类海珍品幼苗超过60亿枚，现已形成了扇贝、海参、鲍鱼、牡蛎、海螺、海胆、藻类等多品种养殖格局；每年投资数千万元投放人工鱼礁，为生物生长提供适宜的环境。

作为獐子岛研发团队的带头人，梁峻在科技人才的培养上，采取内部挖潜、外部引进相结合的青年技术队伍培养机制，加强青年技术和管理队伍建设，为企业的可持续发展积聚资源。

育种三十多年　让大果榛北移10个纬度

人物简介　解明

解明，男，1963年生，研究员级高级工程师，1983年就读于沈阳农业大学果树专业，2002年至2003年，曾前往意大利都灵大学进修学习。目前任中国经济林学会干果分会理事，中国经济林学会榛子分会副秘书长，辽宁省经济林研究所副所长。2010年、2013年两次主持承担“科技特派团工程项目”，所在团队2012年荣获我省第一批特派团先进单位称号。目前，完成各类研发项目近二十项，发表论文二十余篇，获得省部级、厅级各类科研奖励十余项。主持制订国家林业行业标准——《榛子坚果》(LY/T 1650—2005)1项，辽宁省地方标准4项。2004年进入辽宁省“百千万人才工程”百层次人选。获国家林业局颁发的“科技服务林改先进个人”、第二批大连市领军人才培养工程人选等荣誉称号。

你也许不知道解明是谁，但你一定品尝过他的研究成果——大果榛子。为了优化我国的榛树品种，他和他的团队在前辈研究成果的基础上，潜心进行了榛树育种与丰产栽培技术研究与产业开发等工作，始终致力于我国的平榛与欧洲榛种间杂交育种研究，为我国首次培育出大果榛子栽培品种。“这项工作，我们将世界上大果榛子的园艺化栽培界线向北推移了10个纬度(N36°～N46°)。”解明说，为此，他们前后用了三十多年的时间。

我国北方地区采集利用野生榛子坚果已有三千年以上的历史，但由于平榛其坚果小、产量低、品质差等树种特性限制，我国的平榛生产始终没有实现大规模的园艺化栽培。为解决我国原产榛子资源坚果品质及产量低下、引进榛树资源适应性差的问题，培育我国自有的大果、丰产、优质、适应性强的榛子栽培良种，辽宁省经济林研究所榛树研究人员，自1980年起就开展了平榛与欧洲榛的远缘种间杂交育种研究。1987年，从沈阳农业大学毕业的解明开始从事经济林研究，1990年起，解明跟随前辈梁维坚先生，开始了榛树育种与丰产栽培技术的研究工作。在参与的“欧洲榛子新品种选育”研究中，课题组选育出欧洲榛子新品种3个，使我国的大果型榛子的栽培成为可能。之后在参与的“榛树杂交育种研究”项目中，课题组在世界范围内首次选育出平榛与欧洲榛间的远缘种间杂交种新品种5个，到目前为止已经选育出14个平欧杂交榛良种。榛树育种研究获得省、部级科技进步二等奖及三等奖4项。

其实，榛树杂交育种的工作并不仅是坐在化验室里进行，在一年365天里，解明有70%以上的工作时间是在田间地头，在榛树育种基地完成工作。2005年以来，解明和他的团队先后与抚顺市新宾县、吉林省蛟河市、黑龙江省牡丹江市、北京林业大学、中国林科院等生产与研究单位开展横向联合研究和产业开发工作。在十余个相关项目中，诸如“木本粮油新品种选育和高效栽培技术研究与示范”项目获教育部科技进步二等奖等各类奖励4项；主持实施的国家发改委高技术产业化项目于2009年通过国家验收，项目承建基地荣获国家高技术产业化示范基地称号。榛树产业化推广、新技术的应用规模达10万亩以上。

解明以及他的团队所从事的榛树种间杂交育种研究为我国首次培育出大果榛子栽培品种，填补了我国榛子栽培品种的空白。

新领军者(二)

材料与能源类

一线的实践就是我的学历

人物简介　刘洪春

刘洪春，1964年生，中冶焦耐工程技术有限公司副总工程师，教授级高工，工程技术研发中心主任(兼)，多项工程获得了国家和省部级优秀设计奖和优秀工程咨询奖。发表论文十余篇，主编及参编著作三部。拥有十余项国家专利。享受国务院政府津贴专家，国家冶建高级技术专家，辽宁省高级专家库专家。

刘洪春，一个靠实干起家的科学工作者。和众多出身显赫的科技工作者不同，这个从业三十多年，拥有二十多项专利、获得过二十多项国家或省部级奖励的中冶集团首席专家，他的学历只是大学本科。在他看来，“设计院是一个注重个人能力的地方”。

刘洪春1964年出生在湖北省钟祥县一个偏僻的小山村。1980年，16岁的他以优异成绩考入武汉钢铁学院(现武汉科技大学)，成为方圆几十里考取的第一个大学生。

1984年，20岁的他大学毕业，被分配到鞍山焦化耐火材料设计研究院(现中冶焦耐工程技术有限公司)。1997年，33岁的他脱颖而出，被提拔为这个拥有1300多名职工的焦化王牌设计院的副总工程师。1998年，亚洲金融危机导致国内经济严重不景气。就在这一年，刘洪春临危受命，带领公司6名技术人员来到山西开拓市场。当时正值山西土焦改机焦的关键时期，他根据山西的煤资源情况和业主的需求，主持设计的全新型宽炭化室焦炉在山西的焦化改造升级过程中被广泛采用，不仅大大提高了山西焦化生产的装备水平，也为公司创造了1个多亿的设计费收入。

2004年，刘洪春担任南非50万吨焦化总承包项目的项目经理。该项目是我国在海外实施的第一个焦化总承包建设项目，在因业主方面的原因影响工期两个多月的情况下,项目仍比合同工期提前3天投产,无论从建设进度上还是建设质量上均得到了业主的高度评价,被业主称为南非建设史上的奇迹,称赞中国人为米塔尔建设了一座最漂亮的焦炉。

在刘洪春的心里,最喜欢的工作仍然是技术研发,他喜欢创新和挑战。他担任课题负责人的863重大项目所取得的研发成果被鉴定为达到了国际领先水平并在工程项目中得到了推广应用。目前他还在负责一个低阶煤梯次利用实验项目,全新研发的立式粉料连续干馏炉工艺技术和设备取得重大突破,解决了低阶粉煤干馏的难题,对利用低质煤炭资源生产高质能源具有重要的现实意义,利用该技术的工业示范装置正在建设中。

然而和其他所有成果相比,已届知天命之年的他最喜欢看到的还是年轻人的成长,"任何单位都不能靠某个人单打独斗,而是需要打造一个可持续发展的团队,年轻人是企业的未来和希望,当年老同志就是这么培养我的,所以我看到年轻人的成长比什么都高兴,培养年轻人是我最大的乐趣。"他这样告诉记者。

科学创新在追求完美中产生

人物简介 陆安慧

陆安慧，1972 年生，大连理工大学教授、博导、化工学院院长。主要从事多孔纳米材料设计及能源储存与转化应用研究，是教育部"长江学者"特聘教授、国家创新人才推进计划中青年科技创新领军人才、国家杰出青年科学基金获得者；曾荣获国际炭科学会优秀青年科学家 Brian Kelly 奖、中国化学会—巴斯夫公司青年知识创新奖、辽宁省青年科技奖十大英才、大连市归国留学人员创业英才等荣誉，是英国皇家化学会年度 TOP 1%高被引学者及 Elsevier 中国高被引学者。部分研究成果获辽宁省自然科学一等奖（排名第一，2014 年）。

"寸秒必争，天道酬勤"，有着这样的执着，他开始了科研之路；"海纳百川，有容乃大"，带着这样的追求，他踏上了 8 年异国求学工作之路；"我们自己的国家归根结底需要我们自己建设"，心怀这样的信念，他毅然踏上归国之路。

他就是大连理工大学陆安慧教授。自 2009 年全职回国后，秉承深厚的爱国之情和责任感，针对能源环境领域日益严重的问题，围绕温室气体二氧化碳的高效捕获与低碳分子催化转化研究，开展了多孔纳米材料的设计合成与功能集成研究。他注重从分子底层设计出发，不断创新合成方法，深入挖掘材料结构精准调控规律。首次提出了"纳米空间限域热解"策略，成功构建了单分散炭质胶体，攻克了常规炭球应用过程容易团聚的难题，发展了炭载体上活性组分稳定分散的系列方法。在工程应用领域，通过对多孔材料合成方法学的研究，建立了一套收效高、能耗低、废水排放少的多孔炭活化新工艺，制备的整体式炭机械强度是其他有文献报道同类产品的 80 倍，对二氧化碳气体吸附分离表现出很高的选择性；将多孔炭采用磁功能化策略实施功能集成，可有效脱除水中重金属离子，通过磁性分离技术可实现吸附剂的高效回收利用，节能效果显著。

不断创新的科研态度和追求完美的治学精神,为他换来了丰硕的研究成果。迄今在 *J. Am. Soc. Chem.*,*Angew. Chem. Int. Ed.* 等本领域重要学术期刊发表论文 160 余篇,论文他引高达 8700 次,出版英文专著 2 部,获得专利授权 12 件。9 篇论文入选 ESI 高被引论文(被引用次数处于世界前 1%)。他出色的研究也得到了国际同行和媒体的认可,研究成果多次被 *Chemistry Views*、*Materials Views* China 作为亮点报道。此外,他应邀担任国际期刊 *Chemistry Select* 编委会主席,*Chem Cat Chem*、*Scientific Reports*、*Science China Materials* 等期刊编委。

一系列成绩和荣誉的取得,与陆安慧在学术上潜心钻研、对工作高度负责密不可分。从事科研工作近二十年,陆安慧教授始终认为"瞄准前沿、不断创新、严谨求实、追求完美,这是科研的基本精神"。关于未来研究方向,陆教授谈道:"科学发展到今天,对于纳米材料的研究应该紧密结合互联网和计算机技术,从目前追求的结构精准调控逐步过渡到面向差别化应用需求的'纳米定制',就像时装行业的私人定制或高级定制一样……"

燃料电池的广阔前景值得期待

人物简介 邵志刚

邵志刚1969年出生，山西平遥人，工学博士。现任中国科学院大连化学物理研究所燃料电池研究部副部长，燃料电池系统科学与工程研究组组长，研究员，博士生导师。2001年～2002年，香港科技大学化学工程系博士后；2003年～2005年，英国纽卡斯尔大学化学工程系博士后。2008年被评为博士生导师，2013年度辽宁省自然科学二等奖，2014年获得国务院特殊津贴。

“充一次氢，够汽车跑500到800千米！”这种可替代汽油、清洁环保的新型燃料电池，距离我们还有多远？邵志刚说，五到十年后有望大规模应用。这种高效洁净的质子交换膜燃料电池，不仅可用于汽车，还可应用于飞机，其续航能力是锂电池的四到五倍。

从1996年起，邵志刚就一直致力于质子交换膜燃料电池的研究开发工作。2005年4月，邵志刚在经过香港科技大学和英国纽卡斯尔大学双料博士后研究之后，回到了大连化物所，继续从事燃料电池工程的研发。2006年，他应聘了新组建的燃料电池系统科学与工程组组长。上任后，面对比想象大得多的困难，他选择将“再生氢氧燃料电池系统技术研发”作为科研重点。可再生氢氧燃料电池系统研究在国外尚属实验阶段，国内正在探索，是热点也是难点。邵志刚带领团队进行了深入研究，为此加班成了家常便饭。多年来，他几乎没休过一个完整的节假日。他表示，“我们最终决定做这个方向，是因为看到了未来的广阔前景。”

工夫不负有心人。2009年11月8日，以燃料电池为动力能源的“致远一号”飞艇在上海试飞成功。这是我国首次采用质子交换膜燃料电池作为飞艇主动力。实验结果表明，由邵志刚创新团队负责研发的10kW质子交换膜燃料电池为动力的飞艇能源系统在飞行过程中工作稳定，具有独特的高比能量以及启动快、环境友好等优点，在空间飞行器应用方面前途无量。

2012 年 7 月 30 日，邵志刚又迎来激动的一天。由他负责完成的高度集成的 10kW 质子交换膜燃料电池系统应用于“雷鸟”无人机，并在沈阳法库财湖机场成功首飞，实现了国内燃料电池在无人机上的首次应用。同一年，邵志刚作为第一完成人完成的“高效中低压固体电解质水电解技术”获得大连市科技进步一等奖。2013 年，他作为第一完成人完成的“质子交换膜燃料电池电化学界面及过程研究”获得辽宁省自然科学二等奖，一年后他当选为科技部中青年科技创新领军人才。

邵志刚坦言，在国外，燃料电池已经进入了市场，尽管国内由于加气站尚未普及等原因，人们对这一新能源的认识还要有一个过程，但他对质子交换膜燃料电池走进生活充满信心。

在催化领域潜心打拼

人物简介 杨启华

杨启华，1969年生，中国科学院大连化学物理研究所催化基础国家重点实验研究员、博士生导师。1991年毕业于烟台师范学院化学系，1997年在东北师范大学化学系获得博士学位。先后在法国、日本从事博士后研究；2003年入选中国科学院"百人计划"并被聘为大连化学物理研究所研究员。

曾获第十二届国际催化大会青年科学家奖，第六届辽宁青年科技奖，第五届中国青年女科学家奖，第六届中国化学会——巴斯夫公司青年知识创新奖，第四届中国催化青年奖及2011年度国家自然科学二等奖（排名第五）。

杨启华长期以来一直致力于催化功能的有机—无机杂化催化材料的合成及催化性能研究工作，在精细化学品催化合成尤其是多相手性催化领域取得了重要进展。共发表论文一百余篇。主要研究方向是催化材料和催化反应，包括有机—无机多孔催化材料的合成，多相手性催化，固体酸碱催化，酶催化等。

发现了纳米反应器中手性催化剂双分子耦合加速现象，在环氧化合物的手性动力学拆分反应中取得比均相分子催化剂体系高一个数量级的催化活性并可得99%的手性选择性，这个进展改变了多相手性催化剂手性选择性和催化活性较低的局面，突破了固体催化剂中多活性中心难以协同的瓶颈。

发展了纳米反应器中催化反应工程学，在纳米反应器中环氧化合物的手性动力学拆分反应研究基础上，将纳米反应器中的手性催化拓展到更广普的催化反应，实现了纳米反应器中环氧乙烷催化水合制乙二醇的绿色途径，在低水比下，环氧乙烷的转化率和乙二醇的选择性皆大于98%，反应体系中乙二醇的浓度可由非催化水合的10 wt%提高到74 wt%，大幅度降低了乙二醇蒸馏提纯的能耗,解决了乙二醇绿色生产工艺的关键科学难题。

通过将手性配体或有机基团键合到硅烷偶联剂中,从分子层次对纳米孔材料进行设计,成功合成了含有手性联萘二苯膦、手性联萘酚、L-脯氨酰胺等以及不同有机基团的系列纳米孔材料,解决了合成具有手性特征的纳米反应器的难题;发展了通过封口技术将手性分子催化剂封装在纳米反应器中的合成策略,将一系列手性分子催化剂甚至酶和金属纳米粒子催化剂成功组装在纳米反应器中。NMR 等表征技术确认纳米反应器中的分子催化剂可保持自由运动,反应物和产物分子可以在纳米反应器中自由进出。纳米反应器中的手性催化反应在纳米层次是均相催化,而在宏观上是多相催化,从而建立起均相和多相手性催化的桥梁。通过此策略在纳米反应器中实现了高活性和高手性选择性的手性氢化、手性加成和环氧化合物的手性动力学拆分等典型手性催化反应。

杨启华经过十余年的努力,通过均相催化、多相催化和材料科学的交叉融合,发展了多相手性催化体系的新概念和新方法,解决了多相手性催化合成中若干个科学难题。

让燃料电池打上“中国制造”

人物简介 侯中军

侯中军，1975年生，毕业于中科院大连化学物理研究所，化学工程博士，多年来致力于燃料电池发动机及其零部件的研究与开发工作，教授研究员级高级工程师。新源动力股份有限公司副总经理、总工程师、党支部书记。中青年科技创新领军人才、辽宁省“百千万人才工程”百人层次人选、大连市领军人才、大连市特贴专家、大连市优秀专家、大连市突出贡献专家。

侯中军自2003年8月入职新源动力股份有限公司以来，先后任总经理助理、副总经理、总工程师。目前，作为新源动力股份有限公司总工程师、副总经理全面负责公司技术开发与生产管理工作。

侯中军领导的研发团队，2005年成功开发出大部分项技术指标都处于国内领先地位的40kW低压燃料电池发动机，并安装于我国燃料电池汽车“超越3号”，2006年开发出全新扁平结构、分布式低压燃料电池发动机动力系统，经数轮改进创新，目前输出功率已突破55kW，所开发的燃料电池发动机装车后圆满完成了2007年上海“Challenge Bibumdum”新能源汽车大赛、2008年北京奥运会、残奥会燃料电池汽车的示范运行任务等，并实现了美国加州及“中国燃料电池公共汽车商业化示范项目”的示范运行；2010年为上海世博会燃料电池汽车示范提供了稳定可靠的燃料电池发动机。“十二五”期间，侯中军博士带领研发团队开发出的具有自主知识产权的燃料电池模块，成功实现小批量生产，是我国第一款量产燃料电池模块。2014年搭载该型号燃料电池模块的上汽荣威750轿车参与“创新征程——2014年新能源汽车万里行”全国巡游活动，历时3个月，遍布14个省25个市，挑战多种自然环境，全程稳定运行超过10000公里。

通过主持公司研发生产工作，侯中军积累了丰富的企业管理经验，2007年被评为辽宁省第四批“百千万人才工程”百人层次人选，2012年获大连市政府颁发的“市特贴专家人才”荣誉称号。通过所掌握燃料电池发动机核心技术及国内外燃料电池发展动态，侯中军制定了新源动力燃料电池发动机技术中长期发展规划，从性能、寿命、成本等不同角度为企业技术创新与发展指明了方向，初步完成了新源动力燃料电池发动机产业化布局，为提升我国燃料电池发动机商业化应用水平奠定了坚实的基础。

多年来，侯中军一直致力于推动我国燃料电池技术产业化开发和市场开拓，先后获得多项市、省及部级科技发明奖，培养及联合培养一支超过百人的燃料电池发动机研究与开发的专业团队。撰写文章被EI收录9篇、AIP数据库收录3篇、作为主要发明人申请及授权专利累计216项、参加国内外学术会议6次、制定国家(行业)标准3项。任全国燃料电池标准化技术委员会副主任委员、大连市化工工程高级专业技术资格评审委员会评委。带领团队取得了45项燃料电池领域技术成果。作为导师联合培养博士后1名。

执着创新高纯电子气体引领人

人物简介 赵毅

赵毅，1965 年生，毕业于清华大学物理化学及仪器分析专业。2001 年创建大连保税区科利德化工科技开发有限公司，长期致力于高纯电子气体、高纯电子化学品的研究。

作为学术带头人，其主持完成的科研成果获得国家、省、市科技进步奖，研发多项自主知识产权的专利技术，任全国半导体设备和材料标准化技术委员会委员，辽宁省集成电路联盟副理事长、大连市半导体协会副理事长。

高纯电子气体是半导体技术的关键原材料，广泛应用在大规模集成电路(IC)、平板显示(LCD)、半导体照明(LED)、太阳能电池制造(PV)等尖端技术领域。由于国内技术相对落后，长期以来，我国高纯电子气体主要依赖进口。当谈到高纯电子气体，作为大连保税区科利德化工科技开发有限公司董事长的赵毅先生，一下子有着说不完的话，也为我们揭开了这层神秘的面纱："若把半导体芯片比作面包的话，我们的产品就是面包中的面粉和添加剂，高纯电子气体是制作芯片的核心原料，电子气体纯度越高，芯片质量越好，直接影响下游产品的光电性能。"

1988 年毕业于清华大学的赵毅，凭着对化工领域的热爱和执着，毫不犹豫地选择了在研究所潜心研究新材料，取得了小有建树的成绩。他以敏锐的洞察力，为能改变国内半导体原料长期依赖进口的局面，怀着实现半导体关键材料国产化的情怀，于 2001 年创建了科利德公司，致力于高纯电子气体的创新和产业化。面对国外发达国家对技术的严密封锁，曾经让创业初期的他举步维艰，然而赵毅牢记清华大学"自强不息"的校训，克服重重困难，带领科研团队终于开发成功纯度为 7N 的高纯氨产品，产品质量达到国际先进技术水平，产品完全可以替代进口，填补了国内空白，极大降低了下游客户的生产成本，有效地促进了国内半导体产业链的发展，为国家节约了大量的外汇。面对心中多年的梦想终成现实，他深深地知道，自己刚刚迈出了半导体材料国产化的第一步，未来之路任重而道远。

时光荏苒，十余载创业路上，如今赵毅带领的研发团队，秉承夸父精神，立足自主创新，获得了多项自主知识产权的专利技术，谱写着一个又一个神话：连续三次承担科技部“十五”“十一五”“十二五”863计划研究项目；承担国家重大专项“极大规模集成电路制造装备及成套工艺”的关键原材料研究项目、国家发改委高技术产业化项目以及省市各级攻关科技项目。目前公司研发的产品从最开始的高纯氨单一品种，发展到目前包括高纯电子气体、高纯金属有机化合物、混合气在内的多元产品二十余种。

面对未来，赵毅董事长更加执着、更加清晰——“将带领团队跟踪国际最先进的前沿技术，勇于创新，不断努力，为提高国内高纯电子气体技术水平，实现半导体原材料全部国产化做出贡献。”

一个有点活跃的技术人

人物简介 夏威

夏威，1974年生，大连轻工业学院(现大连工业大学)本科毕业，大连理工大学硕士毕业，长春理工大学在读博士，33岁获得教授级高级工程师职称，是当时辽宁省最年轻的高工。现任大连路明发光科技股份有限公司副总工程师，材料事业部总经理，教授级高级工程师。在蓄光—自发光材料、发光玻璃和陶瓷釉料、LED用发光材料等领域取得了创新性成果，是这一领域内的领军人才。

在遇见夏威之前，对路明这个曾经的明星企业的认识只有董事长肖志国。一次，肖志国在央视"对话"栏目中曾骄傲地表示：我们这样一家民营科技企业的专利注册量是相当可观的。当时，他说的那个数字让现场所有的人都瞪大了眼睛，大概一年的注册量在二十多件。

路明拥有一支致力于创新研发的技术团队，夏威就是这个团队中的一员。在路明公司117项专利技术中，夏威的发明专利占比近40%，在他的发明专利项目中，有一半申请到了国际专利保护。

1999年，因为肖志国的专利技术而成立的路明公司风头正劲，夏威加入了路明。夏威说，他很庆幸加入了路明。路明公司对于年轻人、对于科技的钻研提供了很好的平台，公司鼓励年轻人搞创新，积极申报国家和国际专利。正因有良好的科研平台和研发氛围，夏威一下子就钻进了对于路明的主业——自发光材料的创新与研发中。

夏威白天在工作岗位上忙碌研发，下班后做技术总结、编写专利。在近六年的时间里，每天只睡四个小时觉对于夏威来说是一种常态。努力和付出很快有了成果回报，一项又一项创新出来，一项又一项专利报上去，一项又一项专利被批准授权。至今为止，夏威的专利申报授权成功率是100%。

在2007年,夏威曾经一年申请10项专利,达到了他专利申请数量的高峰期。让肖志国在央视《对话》栏目中骄傲的,正是以夏威为代表的研发团队的成就。

在白光LED所使用的硅酸盐荧光粉领域,一直以来都是美国和日本两大公司垄断这项技术。夏威带领团队攻克了这项技术,并在申请中国发明专利后,迅速申报国际专利。在不到三年时间内,相继取得美国、欧洲(德国、英国、法国、意大利、西班牙)、韩国的发明专利授权,在日本经过五年也最终拿下授权。

大连路明能够在世界范围内成为稀土自发光材料研发和产业化领域中的领航者,正是因为拥有一支具有持续创新、永不言败能力的研发团队,夏威就是这个团队中活跃的一分子。夏威说,他是一个有点活跃的技术人,他面对每一项突破,每一项发明,都有着本能的活跃因子。

他是一个地地道道的航天人

人物简介 梁肃臣

梁肃臣，1964年生。大连理工大学博士研究生毕业。目前是中昊光明化工研究设计院有限公司首席运营官(COO)兼科研中心主任，教授级高级工程师。

作为学术带头人先后主持、承担过国家科技攻关项目、化工部重点项目、科技部专项资金项目、科技部创新基金项目、国家重点军品配套项目、辽宁省和大连市科技项目18项。主持完成的科研成果获省部级科学技术一等奖1项，全军科技进步二等奖1项，省部级科技进步二等奖1项、三等奖1项。近三年获4项国家发明专利。主持制订国家军用标准1项。填补国内科研空白6项。在国家核心期刊上发表论文三十余篇。大连工业大学特聘教授，研究生导师。科技部项目评审专家、国家科技奖励评审专家、国防科工局项目评审专家、大连市科技项目评审和奖励评审专家，《低温与特气》编委会委员。荣获大连市“劳动模范”称号、大连市“优秀专家”称号，享受大连市政府特殊津贴、获享受国务院特殊津贴专家称号。

梁肃臣不仅具有较高的科研创新能力，同时具有较强的团队组织能力和工作协调能力。在特种气体研发领域工作二十多年来，发挥了科技创新、市场开发、团队引领的积极作用，为中昊光明化工研究设计院有限公司(以下简称光明院)发展做出了较大贡献。2005年以来，带领光明院科研中心主持并完成了6项国家各类科研项目，科研经费总额度近三千万元。经过本人及团队的努力，光明化工研究设计院成为当时大连市唯一连续两次获得科技部中小企业创新基金资助的单位。在创造了巨大的社会效益的同时，也为单位和地方经济建设做出了贡献。

梁肃臣不是军人和部队科学家，却是一个地地道道的航天人，由其主持并出色完成了我国多种型号卫星和导弹推进剂的科研项目和研制任务，满足了近三十颗卫星的研制发射任务。近五年来我国自主研制发射的“东方红三号”、“东方红四号”、“天链”、“北斗”、“嫦娥”等卫星和航天器均采用了其团队所研制的氧化剂,获国家有关部门表奖。作为国家重点军工项目的负责人,梁肃臣曾被邀请赴西昌卫星发射中心参加我国拥有独立知识产权、自主研制卫星发射的观礼。光明化工研究设计院也曾先后受到国防科工委、解放军总装备部和载人航天工程办公室等部门的嘉奖。

近年来,除了承担国家及军品配套的科研生产任务外,更注重军民结合及地方主导产业发展。梁博士带领团队主持研发的高纯硒化氢产品,掌握了关键核心技术,填补了国内空白,满足了国内高端材料研制,光明院成为全球仅有的能够提供高纯硒化氢产品的两个厂家之一。该产品开发成功并投放市场,仅当年就实现销售额1350万元,单一产品实现利润近500万元,至今已连续3年实现产品销售收入超过1000万元,其团队年人均创收超过130万元。该产品收入今后有望数倍增长,为光明化工研究设计院效益稳步增长及地方经济建设做出了重要贡献。在创造巨大的经济效益的同时,也大大推动了下游产业的发展,具有显著的社会效益。

新领军者(二)

生化与药品类

30年只为参透人参一味药

人物简介 弓晓杰

弓晓杰博士，1963 年生，大连大学教授，博士生导师。享受国务院特殊津贴专家，辽宁省优秀专家，辽宁特聘教授，大连市领军人才工程人选。兼任辽宁省食品学会副理事长，辽宁省“有机天然产物功能成分利用工程技术研究中心”主任；《人参研究》《农产食品科学》杂志编委。近几年，主持国家、省部级科研课题 20 余项；编写教育部规划教材 3 部，出版专著 4 部。

在大连，讲起对于人参的了解，恐怕没有人比弓晓杰博士了解得更全面。自从 1984 年，他在自己的本科毕业论文中选择人参为实验材料，就没有离开过人参的研究领域，真可谓“30 年只为参透人参一味药”。也因为对于人参的深入研究与开发，他的研究成果先后获国家技术发明二等奖 1 项，辽宁省技术发明一等奖 2 项，大连市技术发明一等奖 2 项。

弓晓杰毕业于吉林农业大学药用植物学专业，他的硕士、博士、博士后研究，主要集中在人参化学成分、人参皂苷衍生化方面的研究，涉及中药和化学的交叉学科。弓晓杰很通俗地对记者概括了他的研究领域。他说，都知道人参是百草之王，药用价值已经被充分肯定，它有补五脏、安精神、定魂魄、止惊悸等多种功效，但人参中含有 100 多种皂苷成分，用什么方法将这些成分提取、分离、富集，明确何种成分发挥什么作用，是他一直研究的方向。

为了深入研究人参，弓晓杰曾经在长白山的深山里一住就是半年，从事人参高效栽培技术研究和野生人参的资源普查；为了揭示人参化学成分及其功效，他在实验室一遍遍地攻坚克难，让实验室得到的科研成果能够放大、转化为临床应用；为了树立中国人参研究在国际上的学术地位，在别人不断追逐研究热点时，他依然坚守着对人参孜孜不倦、深入、系统的研究。

经过多年的潜心钻研，弓晓杰率领的研究团队终于在从事人参活性成分及其新药研发工作中取得了创新性成果:人参皂苷化学成分研究方面,首次发现 17 个新化合物,7 个新天然产物,并对其活性进行了评价,丰富了人参有效成分库,为人参新药理活性的开发奠定了物质基础;人参皂苷代谢产物衍生化技术研究方面,通过人参皂苷的化学修饰,获得系列人参皂苷衍生物,为人参抗肿瘤新药的研发及剂型改进奠定了基础……

多年来,弓晓杰研究团队始终高度重视理论与实践相结合,与企业密切合作,不断将研究成果转化为生产力,参与研发的人参抗肿瘤药品、人参系列保健品、人参系列化妆品实现产业化生产,并在全国范围内推广应用,功效确切、效果明显,深受消费者认可。

食品、化妆品安全的“检测官”

人物简介 毛希琴

毛希琴，1972 年生。2002 年毕业于中科院大连化学物理研究所，获分析化学专业理学博士学位。曾先后就职于中科院大连化学物理研究所，辽宁中医药大学及大连市产品质量监督检验所。从事食品安全及化妆品安全检测方法开发等相关领域的研究 10 年。现任大连市食品检验所科研部部长，学术带头人，教授级高工，国家标准化管理委员会化妆品应急标准化工作专家组成员。

她是一位温和严谨的学者，致力于食品安全及化妆品安全检测方法开发，是 14 项食品、化妆品国家标准的主持者及参与制定者，她的研究成果处于国际、国内先进水平。她最关心的是食品、化妆品行业的规范化和标准化。人们常说，“民以食为天”，化妆品行业是“美丽的事业”，而她从 2002 年起，就在这两大行业里辛勤耕耘，将青春年华都奉献给了检测事业，她就是大连市食品检验所科研部部长，学术带头人——毛希琴。

别以为“检测方法开发”太“高大上”了，跟自己不沾边，其实，检测事关老百姓的日常生活，关系到吃穿用各个方面。保鲜膜包装食物会不会有残留、怎么检测？那些“速效”化妆品里到底含有什么？中草药牙膏的成分你清楚吗……

这些都是与生活中息息相关的。就是为了让人们吃得安全、用得放心，毛希琴一心扑在检测事业上，从不敢懈怠。

从 2008 年至今，她共发表文章 20 余篇，其中核心期刊论文 13 篇。参编专著《化妆品知识问答》（国家“十一五”重点规划图书）《化妆品标识管理规定——实施指南及相关法律法规选编》《化妆品化学检测与健康环境评估》3 部。主持及参与制定国家标准 14 项，其中已颁布标准 12 项。获得发明专利 3

项,实用新型专利 2 项。

近年来,毛希琴主持“十一五”国家科技支撑计划“关键技术标准推进工程”“食品包装容器及材料标准体系研究”子课题 1 项,省部级科研项目 5 项。取得的“食品包装用塑料复合膜中溶剂残留和苯系物残留测定方法及其限量”的研究成果,经中国标准化研究院项目验收专家组的鉴定结论为研究成果处于国际先进水平;“化妆品中紫外线吸收剂的检测方法研究”经辽宁省质监局项目验收专家的鉴定,结论为研究成果处于国内先进水平。

毛希琴的研究成果屡获大奖,辛勤扎实的研究也得到了社会的肯定。2011 年,毛希琴获得辽宁省质监局颁发的“辽宁省质监系统科技工作先进工作者”称号,2013 年获大连市质监局“科研工作先进工作者”称号。而对毛希琴来说,所有的荣誉只代表了过去,现在,她还在继续前行。

在他眼里，废弃物也有“用武之地”

人物简介 安庆大

安庆大，1966 年出生，现任大连工业大学副校长，二级教授，博士生导师。享受国务院政府特殊津贴专家，辽宁省特聘教授，辽宁省高校“新型工业助剂与废弃物资源利用”创新团队负责人，辽宁省“百千万人才工程”百人层次人选，辽宁省普通高校优秀青年骨干教师，大连市领军人才。

金秋九月，正是收获季节，在农村广袤的土地上，随处可见收割过后倒伏的秸秆。在大多数人眼里，这些秸秆恐怕只能当柴火烧了，但是，对于安庆大教授来说，遍地的秸秆却“大有用武之地”。安庆大的研究方向之一就是废弃物资源利用，借助化学方法提升可再生资源废弃物的利用价值。

安庆大告诉记者：“作为秸秆生产大国，我国耕地和淡水资源短缺，农作物秸秆，尤其是玉米秸秆和稻壳等极为珍贵。”安教授的课题组以离子液体为绿色介质，实现了秸秆中木质素和纤维素的有效分离，有望实现秸秆等生物质的高值化利用。

安庆大在化学工程领域研究多年。近年来，他和他的课题组围绕功能材料设计合成、离子液体在生物质转化利用中的研究及废弃物资源化利用等方向，开展了离子液体规模化合成研究工作，成功设计搭建了集离子液体合成、分离和纯化的高效工艺装置，实现了高纯离子液体小型工业化生产；利用稻壳生物质的组织结构特点，成功合成了可选择吸附染料有机分子和重金属离子的生物质基吸附材料，合成工艺简单、高效，规模化制备前景良好。他作为项目负责人主持的离子液体规模化合成工艺及绿色应用技术研究课题，经辽宁省科学技术厅鉴定，核心技术达到国际领先水平，成果获 2014 年辽宁省科技进步一等奖。

安教授告诉记者:“由于离子液体本身所具有的许多传统溶剂所无法比拟的优点及其作为绿色溶剂应用于有机及高分子物质的合成,因而受到越来越多的化学工作者的关注。但是,离子液体制备过程较为烦琐、耗时,导致离子液体合成成本高,很大程度制约了其广泛应用。”

利用稻壳生物质的组织结构特点,安教授的课题组以废弃物稻壳为原料,成功合成了可选择吸附有机分子和重金属离子的生物质基吸附材料,特别适用于重金属离子浓度低的水处理,发展前景十分广阔。

大连是沿海城市,海产资源丰富,安教授利用天然可再生海藻酸钠制备高性能吸附剂和电池电极用材料符合建设资源节约型社会的要求,有望为大连经济和社会发展做出贡献。

有对科研的兴趣才能走向成功

人物简介 张丽华

张丽华，1973 年生，1995 年于吉林大学化学系获得学士学位；2000 年于中国科学院大连化学物理研究所获得博士学位。先后在德国和日本从事合作研究。2003 年 4 月回国，至今在中国科学院大连化学物理研究所工作。主要从事规模化蛋白质定性定量分析新方法研究。荣获国家自然科学二等奖，辽宁省自然科学一等奖等奖项；入选中科院“百人计划”、科技部创新人才推进计划“中青年科技创新领军人才”、中组部“万人计划”等人才计划。现任国家重大科学研究计划首席科学家。

女博士、女研究组组长，女首席科学家……看到这些耀眼的名头，很容易让人想到当下一个流行的词：女汉子。然而，记者眼前的中国科学院大连化学物理研究所生物技术部研究员，该所生物分子高效分离与表征研究组组长张丽华，却是一个面带微笑、充满知性的女人。

张丽华是地地道道的大连人。父亲是大连化物所的老一辈研究员，她从小就生活在研究所的家属楼，冥冥之中让她与大连化物所结下了不解之缘。由于幼时受到从事化学研究的父亲的熏陶，在高中又受到教化学的班主任的影响，在填报高考志愿时，她毫不犹豫地选择了吉林大学化学系。在吉大，她心无旁骛地学了四年，以全系第一名的成绩告别了大学时代，并被保送到中国科学院大连化学物理研究所攻读博士学位。

张丽华称自己很幸运，是个“幸福的人”。1999 年，在研究组刚组建之初，人手极为短缺，她的恩师——中国科学院院士张玉奎仍坚持将她送出国进行博士联合培养。那段学习经历让张丽华一生受益匪浅。2000 年获得博士学位后，她于 2001 年开始在日本德岛大学药学院做博士后，师从国际微流控领域著名科学家马场嘉信教授。由于研究方向从小分子化合物分析，转向大分子 DNA 的快速检测，一切回归原点，从零开始。朝八晚十的工作坚持了一年，研究成果终于得到了教授的高度评价和实验室同仁的尊重。博士后工作 2 年后，教授开出了高薪水、尖端课题的条件，希望她能继续留在他的实验室。然而在收到张玉奎老师的召唤后，她毅然于 2003 年 4 月回到了中科院大连化物所工作。时至今日，张丽华谈及这段经历，仍难掩感激之情。她表示，对恩师最好的感谢和报答，莫过于在科研工作上取得好的成绩。回国后，张丽华以其出色的科研工作入选中科院“百人计划”，而后获得择优支持。2008 年，她又获得中国化学会青年化学奖。

张丽华虽然获得众多奖项，但仍谦虚地表示：“自己还算不上什么科学家，只能说是个科技工作者。”谈及研究组目前开展的科研工作时，她告诉记者，研究组的研究方向定位在“针对复杂样品的高效分离与表征，侧重于开展蛋白质组定性定量分析的新材料、新技术、新方法和新平台的研究”。在不惑之年，她成为国家重大科学研究计划“蛋白质定量新方法和相关技术研究”首席科学家，荣获了国家自然科学二等奖，入选了科技部创新人才推进计划“中青年科技创新领军人才”，并随后入选了中央组织部“万人计划”。近年来，她和她的团队通过建立高效样品处理、分离和定量分析方法以及构建集成化平台，显著提高了蛋白质定量的准确度、灵敏度和分析速度，为深入了解生物学过程、疾病早期诊断和精准分型等提供了重要技术支撑和关键数据。

这么多科研任务并没有让张丽华感觉到乏味。她说：“科研的道路虽然充满艰辛，但在探索未知领域的同时能让你收获更多的快乐。”

砥砺前行十五载　实现化工微型梦

人物简介　陈光文

陈光文，1967年3月生人，中国科学院大连化学物理研究所研究员，所学术委员会委员，微化工技术研究组组长，博士生导师；国务院政府特殊津贴专家(2010)，辽宁省“百千万人才工程”百人层次(2007)，大连市优秀专家(第5、6批)，2012年获国家自然科学杰出青年基金。现任 *Chemical Engineering & Technology* 杂志顾问编委，《化工学报》和《现代化工》杂志编委。

让反应时间从几小时至几十小时缩短到几十秒，甚至几秒，让体积庞大的传统反应容器瘦身至以升、毫升为单位的微反应器，微化工技术给我们最直观的感受就是能显著缩短反应时间和缩小反应系统的体积。

化学工业中的许多反应属强放热过程，存在爆炸危险。“而采用微反应技术能够提高反应过程的效率，改善反应过程的安全性。”陈光文介绍，微化工技术的开发与应用，将会改变现有化工设备的性能、体积、能耗和物耗，对化学工业的发展产生重大影响。自20世纪90年代初开始，微化工技术就引起了美国、德国、法国、日本、英国等发达国家的广泛关注，各国政府都相继制订研究计划，以推进微反应技术的实用化进程。

陈光文长期从事微化学工程与技术的研究，是我国微化学工程学科带头人。他多年来积极推进微化工技术的工业应用，带领团队与企业合作，成功实现8万吨级磷酸二氢铵生产的工业运行，5000吨级氢氧化镁阻燃剂中试和万吨级石油磺酸盐生产的工业示范运行，并在硝化、磺化、微纳材料可控制备等方面开展了扎实的基础与应用研究工作。“中科院大连化物所的科研团队于2000年率先开始了微化工技术的研究，至今已形成集微加工技术平台、微化学工程与技术的基础研究及应用开发于一体的研发体系，为微化工系统的设计、工程放大以及推广应用奠定了坚实基础,也为最终实现化工过程强化、绿色化和过程安全等方面做出贡献。”陈光文介绍说。

陈光文近五年来主要针对微反应技术的关键科学问题,开展系统性研究,取得系列创新成果:首次系统性研究了常压和高压下微通道内气-液两相流体流动和传质特性,阐释了各种流型的形成机理和演变规律;首次系统研究了微尺度内液-液多相体系的流动和传质特性,阐释了微通道内液-液互不相溶两相流体间传质性能强化的耦合机理;研究了降膜微反应器中的液膜流动,建立预测维持完整液膜流型的最小润湿流量和气-液传质关联式;系统研究了微通道壁面性质与入口构型、操作条件等对液-液互不相溶两相流体流动状况的调控机制;率先开展了并行微通道内的气-液两相流动与传质行为研究,获得了并行微通道内气-液两相流的分配规律及两相流动均布程度对传质过程的影响,为微反应器的放大提供了理论依据。同时积极推进微反应技术的应用研究。

陈光文还曾主持承担国家科技支撑 1 项、863 计划 1 项、国家自然科学基金 6 项。撰写论文被 SCI(EI)收录 64 篇,申请中国发明专利 60 件,授权 37 件。

关注天然生物活性分子28年

人物简介　尚德静

尚德静，1964年生，辽宁师范大学生命科学学院院长、教授、博士生导师，长期从事天然生物活性分子的生物化学及分子生物学的研究28年，2004年被评为"辽宁省百千万人才工程"百人层次人才人选；2004年获国务院政府特贴；2006年、2010年被评为大连市第四届和第五届优秀专家。

2000年毕业于大连理工大学的尚德静先后在辽宁师范大学、哈尔滨医科大学、大连理工大学化工学院、德国Heidelberg大学学习和工作。近五年来，她主持科技部下达的973项目子课题"新的天然活性化合物在脑卒中研究与防治中的应用"，国家自然科学基金委下达的国家自然科学基金面上项目"具有任意伸展结构的新型两栖类皮肤抗菌肽的构效关系及与生物膜作用的分子机制""两栖类膜活性多肽(α-MAPs)杀死乳腺癌细胞的选择性作用机制研究""两栖类皮肤膜活性肽α-MAPs选择性阻抑乳腺癌MCF-7细胞生长的分子机制研究""硒多糖诱导乳腺癌MCF-7细胞凋亡的信号途径及作用机制研究"共4项，辽宁省科技厅下达的辽宁省自然科学基金项目"具有非典型结构的中国林蛙皮肤抗菌肽chensinin-1的抗菌机制研究"，教育部下达的高等学校博士学科点专项基金项目"非典型结构抗菌肽的结构-功能关系及与杀菌分子机制的研究"等项目的研究工作。获授权专利2项。2008年"中国林蛙肉蛋白可控酶解制备生物活性肽的研究"项目获辽宁省技术发明二等奖、2013年"新型膜活性多肽抗生素药物的研究"项目获辽宁省技术发明三等奖。2007年入选辽宁省高等学校优秀人才支持计划，2012年被评为辽宁特聘教授。撰写文章被SCI、EI收录8篇，引用16次。

尚德静还是辽宁省生物技术与分子药物研发重点实验室主任、辽宁省海洋生物功能分子的研究及创新药物的设计创新团队负责人。

实验室团队承担各类科研项目63项,其中国家自然科学基金等国家部委科研项目27项,国家“863计划”课题2项,国家“973计划”课题3项,以及省市级课题多项。有2项成果获省科技进步二等奖、2项成果获省科技进步三等奖,5项成果获省自然科学学术成果奖,已经申报国家发明专利20项,其中3项已经获得授权,6项进入实质性审查阶段。

创新团队成员承担了近20项国家自然科学基金、3项国家重大基础研究发展计划项目(973项目)、海洋863科技攻关项目和50多项省市基金,申请专利20多项,在分子细胞生物学、基因的克隆、功能蛋白和多肽等研究领域取得了重要进展,并形成了自身的特色,形成了特色鲜明的科技自主创新体系,取得了突出的成效。

辨微识物　格物致知

人物简介　赵静

赵静，中共党员，吉林大学理学博士，中国科学院生物物理研究所和美国休斯敦贝勒医学院 Baylor College of Medicine 博士后，教授研究员级高级工程师，大连知微生物科技有限公司董事长兼 CTO。致力于工业生物技术尤其是绿色环保的生物产品开发、应用及产业化发展。回国后先后荣获辽宁省"十百千高端人才引进工程"的千人层次；辽宁省"百千万人才工程"的百人层次；其主持的项目获大连"海外学子尖端人才归国创业工程"一类项目；她获得大连市"领军人才"、大连市"五一巾帼十佳标兵"、大连市"巾帼建功"标兵等光荣称号。申请国家发明专利 13 项，取得授权 4 项，实用新型专利 2 项，文章 40 余篇，SCI 收录 20 篇；主持编制企业标准 6 项。她是中国生物化学与分子生物学会员、欧美同学会会员。她培养博士后 4 名。

无论在吉林大学读博，还是到中国科学院生物物理研究所和美国休斯敦贝勒医学院（Baylor College of Medicine）做博士后，从事的都是生物医学领域中有关生物催化剂医用化方面的研究。因此在 2009 年回国后，赵静坚定地选择到能将研究成果快速转化的大连最大的医药上市企业工作，奋斗的方向自始至终没变。

2014 年，赵静创办大连知微生物科技有限公司，致力于工业生物技术尤其是用基因工程构建高效表达的工业酶、工业微生物的产品开发、生产及产业化工作，并将绿色环保的产品应用于生物环保、新型催化剂、油气开发领域，取得了良好的经济和社会效益。赵静凭借"基因组大数据下的新型环境修复用酶"项目，成功入选大连市第五批"海创工程"并获批一类项目，得到大连市政府强有力的支持。2016 年，知微生物获批"辽宁省博士后创新实践基地"，赵静组建并带领这支半数以上为博士学历的高素质、高效率并极富创业精神、锐意进取的青年创新团队,承担了十余项国家、省、市各级的科技创新项目,开发出系列产品并实现快速转化,企业也进入快速的发展阶段。

对于选择工业生物技术并非生物新药开发作为初创企业的起点,“换方向”的赵静也有着自己的理由:“这是因为前者从研发到出产品到应用,自己有绝对的把握去控制,可以实现快速转化,风险也降到最低。”作为一名创业者,赵静显然是理性的,而这份理性也使得她成为一名好的管理者——善于观望市场,规划未来。

赵静介绍说,目前商品化的生物催化剂主要是来源于微生物,而微生物作为一大类生物群体,虽然个体微小,却与人类生活关系密切,涉及健康、食品、医药、工农业、环保等诸多领域。但是,目前人类能利用的微生物仅占总数的1%,她正在做的事情,就是“唤醒微生物宝藏里另外沉睡的99%”。

在此基础上,通过遗传信息的转录、表达与重组,所有的微生物都可以被利用已成为可能。“基因组大数据下新型环境修复用酶项目”就是以海外多年从事环境微生物基因组开发的研发团队和我国国家重点实验室的专家团队为技术支撑,基于特殊污染环境下的环境基因组及生物信息大数据的分析,开发新型环保的专用、特种酶制剂和生化制剂。这些专用的酶制剂可以通过将大分子的化学有机污染物降解为无害的小分子,从而对污染的土地、矿场、水体等环境实现生物修复。生物环保相比于传统的化学品的修复,最主要的优势在其自身的生物环保、安全、健康的特性而不会对环境造成二次污染。

未来,该项目将致力于制定和完善行业的特种生物催化剂技术标准,加快环保专用生物制剂产业的发展。同时,还将拓展特种生物催化剂应用于大品种医药中间体的绿色合成,通过生物催化剂的高效催化特性,取代常规化学合成中的强酸、强碱反应,形成绿色工艺,降低医药工业生产中的“三废”对环境的危害;还可利用特种生物催化剂的活性分子,开发功能型产品。“生物大分子具有多种功能,尤其在生物医药方面有很大的潜力,现在国际上就有通过开发有效多肽缓解自闭症等神经性疾病的研究,这也将是我们未来的研究方向。”赵静说。

赵静和她的创新团队不忘初心,以“格物致知,辨微识物”为企业品格,以“提供更健康、更安全、更环保的生物高技术产品”为企业使命,以打造“有影响力的先进绿色生物技术公司”为愿景,努力为振兴东北老工业基地贡献绵薄之力,实现企业与员工的共同成长,为社会创造价值。

小芯片　大世界

人物简介　秦建华

秦建华，研究员，现任中国科学院大连化学物理研究所微流控芯片中心主任，辽宁省微流控芯片重点实验室主任，生物微流控芯片研究组组长，大连市微流控芯片工程中心主任。先后任微流控领域国际重要刊物 *Biomicrofluidics* 和 *Lab on a Chip* 杂志副主编，2014 年当选英国皇家化学学会会士。秦建华研究员于中国医科大学获医学学士学位、中国科学院大连化学物理研究所获理学博士学位，曾于加拿大多伦多大学细胞与生物分子研究中心做博士后，香港大学理学院做访问学者。

秦建华研究员长期致力于面向生物医药领域的微流控技术及其交叉学科的应用研究，特别在以医学仿生微生理系统、器官芯片技术、肿瘤微环境、干细胞微环境调控以及高通量 3D 药效评价和低成本生化检验等方面具有显著的研究特色，在国内外具有重要影响，也是我国微流控领域富有特色的学术带头人。先后主持承担国家自然科学基金重点基金、重大研究计划培育、科技部 973 子课题、科技部国际合作以及中科院重要方向性项目等十余项。所领导的研究团队已发表 SCI 论文 100 余篇，出版专著 2 部，相关成果先后发表在 *Advanced Materials*、*Small*，*Nanoscale*，*Biomaterials*，*Oncotarget*，*Integrative Biology* 和 *Lab on a Chip* 等高质量国际刊物，部分成果被作为封面文章和亮点报道。已申请发明专利70余项,授权20余项,转让2项。先后主办国际会议6次,受国际会议邀请报告30余次。研究团队成果曾获国家科技进步二等奖,辽宁省自然科学二等奖和辽宁省技术发明一等奖等。目前已经与企业建立了大连市首家微流控生物医药创新转化基地,部分研发成果已经进入产业化。

让中国自主知识产权抗癌药名扬世界

人物简介 黄岚

黄岚，1970年生于上海，毕业于美国加州大学伯克利分校，化学博士。现任大连万春生物技术有限公司董事长。从事癌症药物的研究与开发工作20年，是蛋白质结构学方面的专家，近10年主持癌症靶向治疗领域的科研，研究癌症药物和机理的文章在著名《科学》和《自然》杂志上发表。入选2009年度“国家千人计划”。

癌症，这个令人谈之色变的病魔因何能让一个留洋女博士不畏艰辛研究20载？原来她的内心一直有个“中国梦”：“让中国拥有自主知识产权的1.1类抗癌新药能走向世界舞台，为中国人争光！”

黄岚，1988年因成绩优秀被保送进入复旦大学，大三时赴美留学，并于1993年获得美国劳伦斯大学生物、化学双学士学位。1997年，黄岚在美国加州大学伯克利分校获得化学博士学位，随后到美国最好的癌症研究中心Memorial Sloan Kettering做博士后及研究员。2003年她在美国开始了创业生涯，先后创立两家公司，为大型医药公司提供技术咨询并将蛋白质产品应用于皮肤修复，其间申请了3项美国专利。尽管拥有一流的教育背景，在一流的实验室工作，有着世界一流水平的理念和设计平台，然而，二十多年的留美生活并没有让黄岚放弃自己的国籍。2007年12月，她带着学识、经验和团队回到祖国，创立了无锡麦涛岚华生物技术有限公司，经过两年多的艰苦努力，完成了自主研发的I类抗癌新药MTLH001所有前期研究工作。黄岚入选2009年度“国家千人计划”，这正是对她这个团队和项目的肯定。

2010年，黄岚创办了大连万春生物技术有限公司，担任公司董事长。据介绍，目前从世界医疗水平上看，癌症治疗的手术、化疗和放疗已经进入瓶颈期，该公司的第一个产品——拥有自主知识产权的1.1类抗癌新药“普那布林注射液”治疗晚期非小细胞肺癌的国际多中心Ⅲ期临床研究已在全球范围内全面启动，美国于 2015 年开始招募患者，中国也已在 2015 年 12 月获得 CFDA 的批准，2016 年 8 月成功入组第一名受试者。据介绍，“普那布林”在肿瘤治疗领域有新的突破，能使肿瘤治疗进入新时代，给晚期癌症患者带来福音。这一中美优势资源相结合的创新商业模式可大大降低成本，加快产品的研发速度，并有望使“普那布林”成为中国自主研发的首个走上世界舞台的1.1类抗癌新药。同时，公司正在进行三项“普那布林”其他适应证的Ⅰ期临床研究，有望填补世界各自领域的空白。

“有祖国坚强的后盾，我们公司一定能稳健地‘立足中国，面向世界’。”黄岚信心十足。她正带领她的团队，借助中国动力，整合国外研发资源，创造一个全新的创新药物研发模式，一步一个脚印实现自己的“中国梦”。

探索中求创新　开拓中寻突破

人物简介　麻彤辉

麻彤辉，1963 年 7 月 16 日生，大连医科大学基础医学院院长，教授，博士生导师，长期从事膜通道结构与功能、重大疾病分子靶标与高通量筛选方面的研究，建立了以转基因动物模型为基础的水通道蛋白基因功能研究和天然产物高通量筛选技术平台为支撑的重大疾病化学遗传学研究新方向。获得国家杰出青年基金，主持科技部“973”课题等项目。撰写 SCI 文章 100 余篇，影响因子总和超过 500，被 SCI 源期刊引用 8000 余次，2015 年 ELSEVIER 中国学者高被引榜单中位列医学领域第 5 位。培养大量博士和硕士研究生，获授权发明专利 3 项。2003 年获得国家自然科学基金委“国家杰出青年基金”，2006 年被教育部评为第七批“长江学者奖励计划”特聘教授，2004 年享受国务院政府特殊津贴，2006 年入选人社部“新世纪百千万人才工程”国家级人选，2013 年入选辽宁省攀登学者和大连市领军人才。

作为大连医科大学基础医学院的院长，麻彤辉教授一直活跃在教学和科研第一线，长期从事细胞膜通道基因功能和高通量筛选研究，探索中求创新，开拓中寻突破。他 1991 年赴美国加州大学旧金山医学院攻读博士和博士后，1996 年晋升为助理研究员，2001 年晋升为助理教授。其间致力于细胞膜水通道蛋白基因功能和氯离子通道小分子调节剂高通量筛选研究，成果卓著。在国际上首先建立了 4 个水通道基因敲除小鼠模型，在水通道基因功能方面做了大量探索性工作，多篇论文成为该领域的经典之作，在国际水通道领域占有重要地位。另外，他通过高通量筛选发现的选择性 CFTR 氯离子通道小分子

抑制剂 $CFTR_{inh-172}$ 至今仍为国际通用的金标准,论文单篇被引用 500 余次。

2003 年,麻彤辉回到祖国,在东北师范大学建立了膜通道实验室,之后又工作于吉林大学第二医院中心实验室,建立了吉林省重大疾病分子与化学遗传学重点实验室。2013 年,他来到大连医科大学并担任基础医学院院长。同年入选辽宁省攀登学者和大连市领军人才。在国内这 12 年,麻彤辉培养了大量博士和硕士研究生。

“70后”学者科研教学成果颇丰

人物简介 彭金咏

彭金咏，1973年生，教授，博士，博士后，博士生导师。2003年毕业于浙江大学，获医学硕士学位；2006年毕业于中国人民解放军第二军医大学，获药学博士学位；毕业后以人才引进方式到大连医科大学药学院工作；2007～2009年在中科院大连化学物理研究所进行博士后工作，合作导师为张玉奎院士。现为大连医科大学药学院副院长（主持工作）。

采访彭金咏教授颇不容易，因为他太忙了。教学，科研，学术活动……日程总是排得满满的。虽然身为主持药学院工作的副院长，但彭教授对待教学工作，兢兢业业、一丝不苟，圆满完成各项教学任务，所带“药物分析学”被评为校精品课程；大胆改革和创新实验教学，巩固和拓展课堂所学知识，指导本科毕业生20多人，多人次在核心期刊上发表科研论文，获省教学成果奖和教改课题多项；主编或参编国家规划教材和专著十多部。

彭金咏的研究领域与获得2015年诺贝尔生理学或医学奖的屠呦呦有几分相似。他多年来一直从事中药药效物质的基础研究，包括中药药效物质的获取及关键技术平台构建、针对重大临床疾患的活性先导药物的发现、分子网络调控机制和作用靶点研究。以中药金樱子和穿山龙为研究对象，对其活性物质进行药效、毒性、分子机制及作用靶点等多方面的研究。建立薯蓣皂苷、金樱子总黄酮和总皂苷的绿色、大规模的制备工艺，在考查口服给药慢性毒性基础上，对薯蓣皂苷在保肝、抗心脑血管和代谢性疾病，以及金樱子总黄酮和总皂苷在肝保护、抗心脑血管疾病和神经氧化损伤等方面的生物学活性进行了评价，并依托分子生物学、蛋白质组学、生物信息学等技术对分子作用机制进行深入探讨，发现了薯蓣皂苷等多种先导药物。研究工作得到了国家自然科学基金、教育部博士点专项基金、教育部新世纪优秀人才支持计划、中国博士后科学基金第一批特别赞助等多项课题的资助。

近年来，彭金咏以第一完成人获教育部高校科技进步二等奖、辽宁省科技进步二等奖和辽宁省医学会医学科技二等奖各一项；申报发明专利十多项。先后荣获教育部霍英东青年教师奖、辽宁省青年科技奖、辽宁省优秀科技工作者等荣誉称号；入选教育部新世纪优秀人才、辽宁省高校创新团队带头人、辽宁省高校优秀人才、辽宁省百千万人才百人层次和大连市第二批领军人才。现担任辽宁省药学专业教学指导委员会副主任委员，中国药理学会药物代谢专业委员会委员等职务。已培养毕业博士、硕士研究生 20 余人，其中 4 名研究生的毕业论文获辽宁省优秀硕士学位论文，在读硕士研究生 12 人，在读博士研究生 3 人。

刚过不惑之年的彭金咏，已经在科研、教学等方面有了大量成果。

新领军者(二)

医疗卫生类

回国践行“座右铭”

人物简介 马国武

马国武，博士，教授，1964 年生。1988 年毕业于北京医科大学口腔医学专业，毕业后在大连医科大学口腔系工作。1993 年 5 月去日本留学，就读于长崎大学齿学部口腔外科专业，1999 年 3 月毕业，获得博士学位。现任大连医科大学口腔医学院院长，附属口腔医院院长，中华口腔医学会理事，中国医师协会口腔分会委员，辽宁省口腔医学会副会长等职务。

自从成为医生那一天，他就把裘法祖先生的名言“德不近佛者不可以为医，才不近仙者不可以为医”作为自己的座右铭。为了将自己的所学尽快投入到国家的口腔医学教育及医疗卫生事业上来，从日本攻读博士毕业的第三天，他就背起行囊回到了祖国。从此，一直奋斗在教育与医疗的第一线。他就是大连医科大学口腔医学院院长马国武。

马国武，博士，教授。1988 年 7 月毕业于北京医科大学口腔医学专业，毕业后在口腔系工作。1993 年 5 月去日本留学，就读于长崎大学齿学部口腔外科专业，1999 年 3 月毕业，获得博士学位。现任大连医科大学口腔医学院院长，附属口腔医院院长，中华口腔医学会理事，中国医师协会口腔分会委员，辽宁省口腔医学会副会长，辽宁省口腔种植专业委员会副主任委员，大连市医学会口腔专科分会现任主任委员，辽宁省“百千万人才工程”百人层次入选者，大连市优秀专家，大连市领军人才。Journal of Hard Tissue Biology 杂志编委，口腔医学研究杂志副主编，《中国口腔医学年鉴》《口腔颌面外科学》《中国实用口腔医学》《上海口腔医学》《大连医科大学学报》等杂志编委。

在育人方面，马国武院长坚持育德为先的原则，力争为国家培养德才兼备的人才。十几年来，共培养研究生 50 余名。作为一名医生，多年来，为上万患者提供尽可能满意的服务，同时把自己的知识及经验毫无保留地传授给身边的每一位医生。作为大连市口腔医疗机构协会的常务副会长及口腔专委会的现任主任委员，在相关部门的指导及兄弟单位的积极配合下，致力于推动大连市口腔行业的健康发展，积极推进大连市口腔行业的规范化，开展实用技术的培训以及新技术的推广，促进大连口腔队伍整体素质和业务水平提升，推行大连市口腔健康促进计划，改善大连口腔健康状况，提升市民口腔健康意识。倡导以口腔医生创业推动民营口腔发展，形成了公立口腔专科医院、综合医院口腔科和民营口腔医疗机构适度竞争互为补充的局面，大家互相支持，互相学习，共同提高，使大连市口腔行业的教学、医疗和科研形成有机的整体。在做好教育及医疗的同时，为解决临床实际问题，自己也从事种植义齿临床及基础研究。在团队的精诚合作下，取得了一定的成果。近五年，主持及参与国家自然基金项目 4 项，省重大课题等省部级课题 6 项，发表论文 50 余篇，其中被 SCI 收录 15 篇。主编教材 2 部，参编著作 2 部。获辽宁省科技进步二等奖 1 项，三等奖 2 项，大连市科技进步一等奖 1 项。

用智慧点燃生命之光

人物简介 尹琳

尹琳，男，1965年8月出生。1987年毕业于重庆医科大学（学士学位），1990年毕业于大连医科大学神经内科专业（硕士学位），2000年毕业于德国Freiburg大学医学院神经中心（博士学位）。现任大连医科大学附属二院神经内一科主任兼教研室主任。主任医师、二级教授、博士生导师，享受国务院特殊津贴专家。从事神经内科临床工作20多年，对神经内科各种常见病和疑难病有丰富的临床经验，擅长脑血管病的诊断和治疗，尤其是脑血管病的介入治疗。

提起尹琳教授，了解的人都竖起大拇指，他是2001年大连医科大学附属二院作为高科技海外归国人才引进的第一人，担任神经内科主任，那年他才36岁，是医院中最年轻的教授和科主任。14年过去了，如今，尹琳教授的名字早已经享誉省内外，他已成为国内年轻一代著名的神经内科专家之一，慕名来求诊的患者更是踏破门槛。

尹琳教授1987年从重庆医科大学毕业后，曾师从我国著名神经病学家、大连医科大学包礼平教授。1995年由单位公派，前往日本静冈大学进行为期半年的进修学习，这是他第一次出国学习。正是这次在日本的进修学习，使他发现神经介入技术是当时全世界刚刚发展起来、最先进、最有发展前景的脑血管病治疗技术。在结束了半年的进修学习后，尹琳为了掌握这项高端的治疗技术，再次踏上求学之路。

神经介入最早起源于欧洲，尹琳决定去德国进一步深造神经介入技术。由于介入手术都是在X射线下进行的，无论春夏秋冬，必须穿着厚重的铅衣铅裙铅围脖进行手术，每一台手术下来，都是大汗淋漓，全身湿透。2006年6月，尹琳顺利通过博士论文答辩，并以优异成绩获得德国Freiburg大学神经介入博士学位。他婉言谢绝了老师让他继续留下来的好意,拒绝了德国好几家医疗机构的邀请,放弃了美国一所著名大学医院的签证和邀请,毅然回国,决心用学到的先进技术报答祖国多年来的培养和家乡人民的期望。

2001 年 10 月,作为海外归国人才引进的第一人,尹琳来到大连医科大学附属二院工作,至今已开展各种神经介入手术 2000 多台次,使许多患者免受开颅之苦,得到及时的诊治。这些年来,大连医科大学附属二院神经内科在他的带领下,医疗、教学、科研齐头并进,取得了一个又一个成就。神经内科 2003 年首批被评为大连市一级重点学科,2004 年成立了辽宁省心理危机干预与治疗中心,2005 年脑血管病的介入治疗被评为辽宁省重点专科项目。科室 2006 年首批被评为国家临床药物试验基地,2007 年首批被评为卫生部专科医师规范化培训基地,2010 年首批被评为省住院医师规范化培训基地,2013 年在大连市快速提升医疗软实力评审活动中,被评为大连市缺血性脑卒中诊疗基地。

推动中医治癌理论研发

人物简介 李戈

李戈，男，汉族，1966年7月出生，1990年参加工作，毕业于长春中医药大学中医药专业，2001年获得硕士学位，硕士研究生导师，中共党员，现任大连市中医医院医疗副院长兼肿瘤病房主任，国家级重点专科学术带头人，曾荣获“大连市青年岗位能手”和“全国青年岗位能手”称号。

做手术送“红包”，似乎成了一种社会明规则，但是一些医德高尚的医生，却往往是这种规则的抵制者和反对者，李戈便是如此。由于医术精湛，工作中常会遇到患者家属送“红包”、请吃饭的情况，而李戈一直认为，如随波逐流，不仅有损于医生的声誉，而且还会严重损害党员的形象。

因此，每当患者家属以不同方式给他送“红包”时，他都婉言谢绝，实在推托不掉的，就先暂时收下，以打消患者及家属的顾虑，等患者出院时，再将“红包”交给护士长，由他们退到患者及家属手中。

自2010年7月任院长助理以来，李戈主管大连市中医医院业务工作，带领全院医务人员努力学习、勤奋工作，突出中医特色，使医院中医综合服务水准有了很大的提高。

在主管全院业务的同时，李戈做到“三个坚持”，坚持不脱离临床，定期出门诊、定期查房，坚持亲手撰写医学学术论文，坚持带教研究生、实习生、进修生，指导青年医生解决疑难问题，组织、主持院内、外疑难病例会诊，危重病人的抢救及业务授课讲座。

工作中，李戈针对不能手术切除的晚期肿瘤病人，进行中医综合治疗，使得这些晚期癌症病人延长了生存期,减轻了痛苦,提高了生存质量,收到很好的临床效果,受到肿瘤界专家的认可及患者家属好评。

李戈在工作上精益求精,全心全意为患者服务,以良好的医德医风和精湛的医术深受患者欢迎和信赖,在东北地区享有较高的威信和声望,得到上级领导和群众的认可。

哈佛学子成归国招聘会签约第一人

人物简介 刘丕旭

刘丕旭，1966年生，籍贯辽宁，美籍华人。现任大连医科大学药学院副院长。美国芝加哥大学商学院工商管理硕士；完成了美国麻省州立大学分子细胞生物博士课程学习；北京协和医科大学基础医学研究院细胞生物系博士；大连医科大学临床医学系外科学专业医学硕士；大连医科大学临床医学系医学学士。中科院大连化学物理研究所客座研究员；美国哈佛大学医学院癌症研究所科学家；美国哈佛大学医学院贝斯以色列医疗中心资深研究员；美国哈佛大学医学院儿童医院博士后研究员；美国芝加哥大学生物化学与分子生物系博士后。曾获得美国哈佛丹娜珐博佛朗慈基金奖；入选辽宁省“攀登学者”；辽宁省“十百千”高端引进人才以及大连市领军人才。

2012年3月，以大连医科大学党委书记周万春为团长的“大连医科大学高端人才引进代表团”，走进了美国、加拿大知名高校引进人才，并于美国哈佛大学医学院、霍普金斯大学、康奈尔大学、波士顿大学4所大学进行了公开招聘。招聘会上，目前任大连医科大学药学院副院长的刘丕旭成为第一个签约的全职PI(课题组负责人)。当时刘丕旭是美国哈佛大学医学院的研究科学家，主要从事以肿瘤实验动物模型为平台的转化医学方面的研究。近日，当他接受记者采访时，说出了当时应聘时的心情。他说，招聘会上听了周万春书记极富诚意的宣讲，并获知刘强副校长到大医工作的切身感受后，真是心潮澎湃，萌生了回国创业的想法，并成为招聘会签约第一人。

据了解，刘丕旭教授在生物医学领域，首先发现PI3K的催化亚基p110b在癌症发生中的重要作用；首次发现p110b是PTEN缺失型肿瘤产生的主要决定因子，并且在机体的代谢及胰岛素对血糖的调控作用中起到十分关键的作用，此项研究发表于世界顶级杂志《自然》，并被世界著名的生物和医学出版评估机构“Faculty 1000”评为本领域必读论文,同时指出此项研究创立了一个新的肿瘤研究和治疗方向。在机体及细胞代谢方面,刘教授研究发现 PI3K 的催化亚基 p110a 在肝脏的代谢调控方面起到了不可缺失的重要作用,这一发现对糖尿病和肿瘤的治疗有很重要的指导作用,此项研究成果发表于著名的代谢专业杂志《细胞代谢》。此外,通过转基因小鼠乳腺癌模式动物,研究了 PI3K 在乳腺癌发生和发展中的作用和 PI3K 分子靶向治疗,研究成果已于 2011 年发表在世界权威医学杂志《自然医学》上,此项发现先后被世界上其他多家实验室所证实,同时被选为此杂志九月刊的封面报道,此文也入选“Faculty1000”,被评为本领域中最重要的文章之一,并被列为美国抗癌协会(SU2C)重大资助项目的标志性成果。

如今,刘丕旭教授已经组建了由 2 名科研助理、2 名博士后、4 名博士和 10 余名硕士研究生组成的科研团队。而且,他的夫人程海凌教授在他的影响下,也放弃了哈佛大学医学院癌症研究所的工作,来到大连医科大学第二临床学院组建肿瘤研究所,担任所长,正所谓“立志报国比翼飞,梧桐引来凤与凰”。

部分成果收入美国《癫痫学》教科书

人物简介 孙长凯

孙长凯，男，1963年5月出生，临床神经病学硕士（癫痫防治），医学博士（癫痫神经解剖学与神经生物学），博士后（新药物与新技术防治癫痫与大脑保护和损伤修复研究），主任医师、辽宁省特聘教授、二级教授、博士生导师、博士后导师，大连医科大学脑疾病研究所所长、辽宁省脑疾病重点实验室主任、美国 Cleveland Clinic 神经病学系癫痫中心无限期客座教授，拥有辽宁省神经科学会会长等重要学术和社会兼职，国务院特殊津贴专家，“中国管理科学2004年度杰出研究者”等称号获得者。

孙长凯曾担任大连医科大学脑疾病研究所所长，他的大部分研究也与脑病的防治有关，且成果卓著。

1986年，孙长凯开始从事医疗、科研、教学及其管理工作，主攻研究：大脑保护与大脑损伤修复“转化”研究，包括脑血管疾病、难治性癫痫、糖尿病脑病等重大大脑疾病复杂网络组合靶点机制、组合干预防治策略和方法双向转化研究及其工程系统构建等内容。先后建立解放军大连210医院神经心理学诊疗室、大连医科大学脑疾病研究所、辽宁省高校省级脑疾病研究重点实验室及辽宁省脑疾病重点实验室，两次承担中央财政支持地方高校发展专项资金“神经保护与损伤修复学生实验平台建设项目”及各类攻关研究课题30余项，包括主持国家科技重大专项课题“脑保护与脑损伤修复研究的细胞网络模型构建及其分析软件研制”及参与973、863计划课题等。

1992年，孙长凯开始在国内外率先开展兴奋毒性脑损害中的活性氮介质机制研究，发现兴奋毒性脑损害中“谷氨酸受体—组成型一氧化氮合酶/白细胞介素6—星形胶质细胞”新的网络级联机制，揭示了内、外源性一氧化氮介质/L-精氨酸抗兴奋毒性的脑保护作用。1997年提出“癫痫及其相关、相似脑疾病免疫防治的创新性研究”构想，提出“神经疫苗”概念及其第一个“神经疫苗”研究国家课题。1998 年开始研制银杏叶提取物纳米制剂并应用于兴奋毒性脑损害的防治研究。2003 年 5 月 3 日提出“SARS 胆碱能急救疗法”紧急建议案，受到卫生部专家组肯定和推荐使用。2008 年开始建立大脑保护与大脑损伤修复研究多细胞网络模型系统。

2014 年年底，孙长凯发现自己患有恶性胸腺肿瘤。但这并没有阻断他的科学探索之路。在治疗过程中，他开始与国内外联合构建转化医学人机大数据和机器人服务系统。已申报及获授权发明专利 8 项，软件著作权两项。在中外重要学术期刊发表论文 200 余篇（SCI 论文 50 篇），部分研究发现与成果已被收入 2008 年美国新版《癫痫学》教科书、2010 年教育部、科技部、中国科学院、国家自然科学基金委员会《10000 个科学难题》等国内外 10 余部教材与著作。应邀在第 22 届世界癫痫大会等重大学术会议上做口述报告。有关研究方法和结论被广泛引用和参考，获辽宁省科技进步一等奖 2 项、省部级二等奖 8 项，相关研究成果成为原硕士、博士单位 2011 年度国家科技进步一等奖重要内容之一。

她不断为糖尿病患者带来福音

人物简介 杜建玲

杜建玲，1963年生，1986年毕业于大连医科大学，获得学士学位，同年参加工作，就职于大连医科大学附属第一医院至今；1998年获大连医科大学硕士学位；2008年获大连理工大学博士学位。现任大连医科大学附属第一医院内科教研室常务副主任，临床诊断学教研室主任，内分泌科主任；主任医师，教授，博士、硕士研究生导师。杜建玲还兼任中华医学会内分泌分会全国委员会委员，辽宁省糖尿病分会候任主任委员，大连市糖尿病学会主任委员；中华内分泌代谢杂志、中华糖尿病杂志、*The Lancet Diabetes & Endocrinology*（中文版）、*Thyroid*（中文版）编委。

大家都知道，糖尿病不可怕，可怕的是它的各种并发症。大医一院内分泌科主任杜建玲介绍说，根据数据显示，中国糖尿病患病率在快速上升，在未来的10年后，大连地区可能会有30万因糖尿病而致残的人。糖尿病及其并发症的防治已经成为大连市各级卫生部门面临的重大课题。

"就医程序烦琐"是百姓就医过程中遇到的普遍问题。日前，记者在采访杜建玲教授的时候，欣喜地知道，其优化再造就医流程的得意之作——"东北首个糖尿病及其慢性并发症院内多学科协作一站式诊疗随访平台、综合医院-社区医疗服务中心一体化管理基地"已于2013年在大医附属一院和石道街社区及长春路街道卫生服务中心之间正式成立并已顺利运行至今。

大医附属一院内分泌科分别设有糖尿病专科，甲状腺疾病专科，垂体、肾上腺、性腺相关疾病专科，肥胖、骨代谢等疾病专科4个亚专科；作为学科带头人，长期从事内分泌代谢病领域的临床与基础研究的杜建玲教授在面对记者采访的时候却感觉不知该说些什么，她认为每天所做的工作一如平常。在记者的一再要求下，她打开自己的电脑资料库。记者发现，"国务院政府特殊津贴专家、辽宁省特聘教授、辽宁省教学名师、辽宁省优秀教师、辽宁省‘三八’红旗手、大连市领军人才、大连市优秀专家、大连市劳动模范”等一系列称号显示了她不俗的业绩。

杜建玲教授临床工作有29年,在内分泌代谢病的常见病、疑难杂症的诊治及内分泌代谢病的急重危症的救治方面,积累了极为丰富的临床经验。近几年,杜建玲教授侧重于2型糖尿病血管并发症领域的基础与临床研究工作,主持国家自然科学基金课题3项、科技部“十五”攻关及“十一五”科技支撑课题等省部级课题多项;首次提出亚临床动脉粥样硬化应该作为相对低危糖尿病人群大血管病变终点事件评价指标的观点;总结完成的2型糖尿病血管病变一级预防的前瞻性研究,取得了强化控制血糖、血脂、血压及抗氧化、抗凝、活血化瘀等措施对Ⅱ型糖尿病血管病变的一级预防有益的成果;多因素强化干预治疗对短病程Ⅱ型糖尿病患者血管病变一级预防作用的机制除了强化血糖、血压、调脂治疗本身的作用以外,与慢性低度炎症的控制直接相关。上述研究成果达到国内领先水平,获得2013年度中国十大糖尿病研究最具影响力研究奖、省科技进步二等奖、市科技进步一等奖。同时,杜建玲教授带领的团队在自身免疫性甲状腺疾病的基础与临床研究中获得的成果也达国内先进水平。

学高为师　身正为范

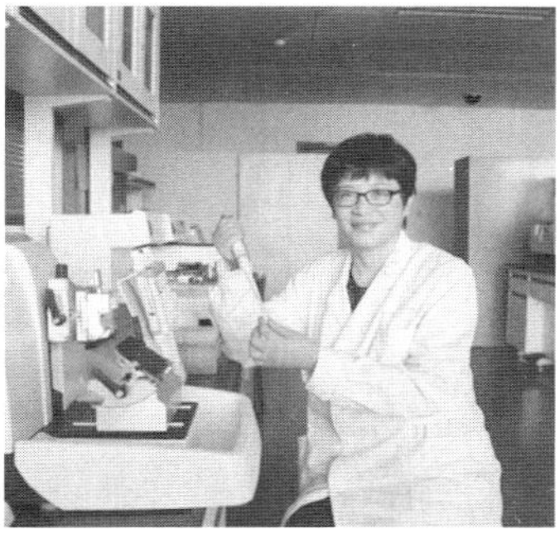

人物简介　邵淑娟

邵淑娟，1966年出生，女，中共党员，博士，教授，博士研究生导师，现为大连医科大学研究生院院长。长期从事肿瘤发病分子机制的研究，参加"973"课题2项，参加国家自然科学基金重点项目1项，主持国家自然科学基金6项，获辽宁省科技进步奖6项；在*JCI*、*JBC*、*Cancer Cell*、*Plos One*等国际著名杂志上发表论文十余篇，第一作者单篇最高影响因子15分。现为辽宁省高校创新团队带头人，辽宁省高校蛋白质组学重点实验室主任，辽宁省重点学科带头人，曾获国务院特殊津贴，辽宁省"攀登学者"，辽宁省优秀科技工作者，大连市领军人才等荣誉称号。带领团队在肿瘤诊断分子标记物的筛选、肿瘤转移蛋白标记物筛选、肿瘤蛋白质组学、肿瘤干细胞特性等研究方向取得较多进展。

每年教师节，大连医科大学邵淑娟教授都收到学生从四面八方以各种形式送来的鲜花和祝福。一提起女博士，人们也许会脸谱化，可邵淑娟却是人如其名，娟秀，贤淑，女人味十足。如今已是知天命年龄的她，可谓桃李满天下，正值收获的季节。原以为本次作为大连领军人物的她应该是以教书育人为长项，可看了简历后，记者才得知，邵淑娟教授在科研领域也收获颇丰。

学高为师，身正为范，二十余载科研路，播撒勤奋的种子，收获满满的果实。邵淑娟1999年攻读博士，在中国医学科学家程书钧院士实验室受到了良好的科研训练，在国内外首次报道6个抑癌基因的潜在位点，之后国内外陆续在该区域发现多个抑癌基因。2002年在国家重点实验室詹启敏院士指导下完成协和医科大学的博士后工作。目前已有16篇论文被SCI杂志收录，其中一篇发表在国际医学领域顶级杂志*J. Clin. Invest.*上，影响因子15分，论文利用体内外实验以及大量的临床证据，首次报道了 NLP 基因为癌基因。邵淑娟教授作为科研骨干参加“973”课题 2 项，“863”课题 1 项，主持国家自然科学基金 5 项；获辽宁省科技进步奖 3 项；被评为国务院特殊津贴专家，辽宁省攀登学者，辽宁省优秀人才。

邵教授不仅自己辛勤耕耘，更倾注热血，关注团队建设。2005 年在全国第十次博士点申报过程中作为学科带头人，积极组织申报，带领本学科成功获得博士学位授予权，为学科的发展奠定了坚实的基础。2006 年又带领团队以优异的成绩跻身辽宁省高校重点实验室行列。其团队 2007 年获得“辽宁省创新团队”的称号。2008 年在全省重点学科评审中再创佳绩，使本学科首次成为辽宁省重点学科。

邵教授培养的学生已桃李芬芳，第一届培养的研究生目前有的已成为国家中组部的青年“千人”，国家自然科学基金委员会的优秀青年基金获得者，在科研探索的路上渐露锋芒。几十名研究生或在国内外的科研院所潜心深造，或在大学的讲坛上为人师表。邵老师不仅教书，更重视育人，每届研究生到校之后第一课就是团队精神教育。做了近十年博士生导师的邵老师不仅关心研究生教育，更关爱本科教育，从师二十余年从未离开三尺讲台。邵老师被评为最受学生欢迎的教师，辽宁省优秀中青年骨干教师。如今作为研究生院院长的邵淑娟教授更是对研究生教育倾注了极大的爱心和关注。

记者想象不到天天和一些生僻的专业术语打交道的女博士生活中会是什么样子。但从邵淑娟的微信朋友圈里记者发现，她和普通女人一样，热爱生活，晒漂亮女儿的照片，关注公益，再加上她那些高深莫测的专业研究探讨，邵教授的生活可谓是丰富多彩。

科研成果产业化　做好学科领路人

人物简介　杨玉龙

杨玉龙，1966年生，博士学位，大连大学附属中山医院主任医师，教授。曾获得大连市科技局项目基金、辽宁省教育厅科学基金、大连市人民政府科技进步奖等奖项。近年来主要从事肝胆胰外科疾病的基础与临床工作，在肝移植术后胆管并发症、肝胆管结石、胆源性胰腺炎等疾病的诊疗方面积累了丰富的经验。

杨玉龙，教授，主任医师、硕士生导师，博士后指导老师，大连市一级重点专科肝胆外科学科带头人，大连大学中山临床学院副院长、胆道微创外科主任，从事肝胆外科临床工作近20年。他的科研成果有多项已经实现了产业化，创造了良好的经济效益和社会效益。

2009年至今，杨玉龙在SCI、EM、《中华医学杂志》《中华外科杂志》《中华肝胆外科杂志》《中华器官移植杂志》等国内外期刊发表学术论文近50篇，多次在国内外学术会议主持和演讲。参加《内镜微创学》《胆道微创外科学》等多部专著的编写，获授权发明专利12项、实用新型专利5项。多次获科技部部门颁发的《内镜微创名医奖》《杰出青年医师奖》《中国内镜杰出青年医师奖》等荣誉称号，带领团队取得大连市科技进步一等奖2项，省科技进步奖2项、恩德思医学科学技术一等奖2项、二等奖3项等成果。

多年来的研究成果，让杨玉龙得到了业内的肯定。2009年和2010年，杨玉龙连续受邀参加香港、澳门国际内镜外科学术会议，并多次在国内外举行的国际内镜会议上做了题为“从胆道内镜的角度分析和认识原位肝移植术后胆管铸型”和“肝移植术后胆管狭窄的内镜诊断和治疗”的特别讲演，受到与会专家学者的一致好评。其实，更让杨玉龙感到欣慰的，是他的治疗方法能够为病人带去福音。每年，都有大批国内外病人慕名来连找杨玉龙看病，从数量上看,这些人占到了杨玉龙医治病人的三分之一,这也是对一名医生最大的肯定。

在注重提高自身业务能力的同时,杨玉龙也十分注重对人才的培养和学科梯队建设,起好"传帮带"的作用,派学科骨干到国内外著名学府深造。在他的团队中,均具硕士以上学位,其中主任医师 2 名、副主任医师 1 名、主治医师 3 名、住院医师 2 名。团队的研究方向是肝移植术后胆道并发症以及人工组织胆管的构建及在胆管损伤修复中的应用的基础与临床研究、胆胰汇合部疾病临床诊治。目前团队承担省市共 10 项在研课题。2009 年至今,团队累计在国内外期刊发表学术论文 50 余篇、发明专利 12 项、省部级科技进步奖 7 项、市级 4 项、专著 2 部,连续 6 届举办全国肝胆胰微创外科学术会议大连高峰论坛,形成自己的学术品牌和学科文化。

关节置换技术达到国内先进水平

人物简介 张卫国

张卫国，大连医科大学附属第一医院党委副书记兼副院长。教授，国务院特殊津贴获得者。中华医学会运动医疗分会委员，华裔骨科学会关节外科理事，大连市医学会骨科专业委员会副主任委员。从事骨科临床工作20余年，侧重于关节外科、微创外科及手外科工作。专业特长：关节外科、运动医学人工髋关节、膝关节等关节置换技术达国内先进水平，针对股骨头坏死的系列治疗方案(包括干细胞移植)也取得了较好的临床效果；关节镜下微创手术：包括前后交叉韧带重建手术、半月板损伤的治疗、关节软骨损伤的治疗。

张卫国教授1987年毕业于中国医科大学，同年被分配到大医一院从事骨外科工作，博士学位。1995年赴日本广岛大学医学部，从事神经再生方面的研究，担任《中华骨科》杂志等多种核心期刊编委职务。近年来，承担着十余项省级、国家级基金项目，发表学术论文50余篇，SCI收录多篇。身兼数职的他是医、教、研与管理工作的表率。

张卫国教授从事骨科临床工作20余年，侧重于关节外科、微创外科及手外科工作。1992年与科内医师协作，完成了十指离断全部再植成功。相继开展了各种带蒂及游离皮瓣移植手术，臂丛神经损伤多组神经移位术及晚期臂丛神经损伤的游离肌肉移植，功能重建术，腕关节镜下钬激光手术在腕部疾病中的应用，神经电生理检测在周围神经损伤术中的应用，关节镜下前后交叉韧带重建手术，人工膝、髋关节置换、翻修手术，等等，在此领域积累了丰富的临床经验，也取得了优异的成绩，2007年率先成为全国第一批关节镜临床培训基地，被任命为培训基地主任。2007年12月被评为国家百千万人才工程中“百人层次”人选。

作为大连医科大学的硕士、博士生导师,他始终把科研作为医疗工作的一个重要环节,以科研带动临床技术水平,大力提倡开展临床新技术。周围神经损伤因预后差、致残率高,是困扰医学界的一大难题。张卫国同志历时多年刻苦研究,在周围神经损伤治疗的科研方面获得重大突破,研制出我国自主知识产权的新型神经壳聚糖修复导管,在国际上首次将该材料应用于小间隙神经吻合的临床与实验研究之中,获得良好效果。2006 年 12 月,作为第一完成人,“促进周围神经损伤后修复的基础与临床研究”获辽宁省科技进步一等奖。丰硕的科研成果带来可喜的回报,2008 年,张卫国同志获得国务院特殊津贴荣誉,同年,获得恩德斯医学科学技术奖杰出成就奖。

张卫国教授不仅很好地传承了白求恩精神,更传承了中华民族的优秀品质。张卫国作为骨外科专家,手中拿着令人羡慕的手术刀,却淡泊名利、廉洁自律。他甘作人梯,把全部的知识、经验和医术无私地传授给同事和后人。他以一身正气、一腔热忱、一份执着,坚守着自己的人生追求,坚持着自己的价值标准,用爱铺就了一条行医之路,用品格书写着完美人生。

创新肝癌治疗理念　为患者送福音

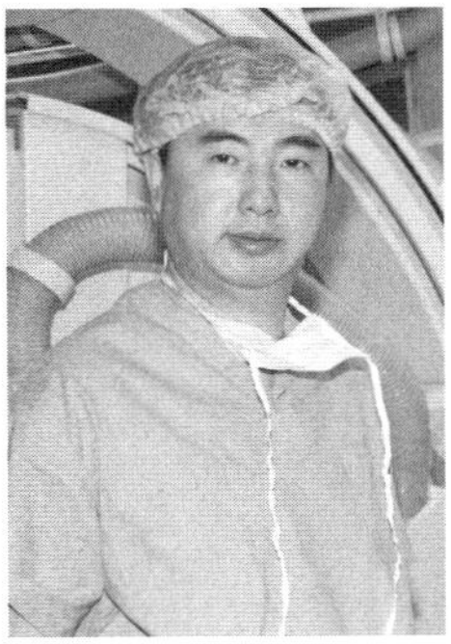

人物简介　张跃伟

张跃伟，1969年生，医学博士、教授、主任医师，现任大连大学生物治疗技术临床转化研究中心主任、大连大学附属中山医院介入治疗科主任兼药理化党总支书记。获得过的荣誉有：2002年“大连市青年职工创新、创效能手”、2005年“卫生部全国青年岗位能手”、2006年享受大连市政府特殊津贴、2013年入选辽宁省百千万人才“百层次”人才、2013年度“大连市新领军人才”。

作为中国抗癌协会肿瘤介入专业委员会和肿瘤微创治疗专业委员会的委员，大连大学附属中山医院介入治疗科主任张跃伟从事肿瘤介入治疗20年，是国内肿瘤介入领域的知名专家。在日常工作中，张跃伟敢于担当、勇于创新、善于总结，在充分利用国内外多种最新研究成果的基础上，将肝癌作为重点研究方向。功夫不负有心人，经过十余年的艰辛努力，张跃伟不断丰富和完善肝癌治疗“局部和整体”的综合治疗理念，整合并发展了肝癌微创治疗和基因免疫的整体治疗方法，成功探索出“肿瘤介入”与“肿瘤基因免疫”综合治疗模式，给广大患者及其家属带去了福音。

2008年，张跃伟在国内率先开展了微粒栓塞技术，利用可吸收栓塞剂，介入治疗肝癌，取得了相当不错的效果，严重并发症发生率低了，而且因为用了国产品牌产品，价格也降低了不少。近年来，张跃伟又将如何降低和治疗手术切除早期肝癌后复发病例作为肝癌系列研究的重点之一。目前，手术仍是许多肝癌患者首选的治疗方法，但肝癌切除手术后5年复发率却很高。针对这种情况，张跃伟带领他的团队提出并遵循“介入技术在恶性肿瘤综合治疗某一阶段起主导作用”的观点，以微粒栓塞肿瘤供血动脉治疗各种实体良恶性肿瘤为核心技术，同时开展辅助细胞生物、基因、免疫、分子靶向、中药等手段协同治疗肿瘤的综合研究，提出恶性肿瘤的治疗以“诱导、启动、强化抗肿瘤自身免疫治疗机制”为核心的多学科联合绿色治疗理念,不断强调临床治疗的“综合性”与“个体化”,所有这些构成了肝癌疗治的新模式,并在临床上获得了良好的效果。

近10年,张跃伟治疗中晚期各种难治性肝癌300余例,在国内外发表50余篇研究成果,做过5次国际学术报告和40余次国内学术报告,丰富的学术成果让他在2011年获得大连市政府科技进步一等奖。人们常说,金杯银杯不如老百姓的口碑,在内心深处,张跃伟也一直用这个标准来要求自己。“作为一名医生,责任心是创新和完善专业技术的重要前提,没有治病救人的责任心,就难以产生创新、突破现有治疗技术局限性的动力。另外,医生所在的工作平台很重要,我们医院多年来秉承‘单病种负责制’,医院为科技创新提供全方位支持,我也才能有今天的成就。”张跃伟告诉记者。

处处为患者着想广受好评

人物简介 林洪丽

林洪丽，女，1966 年 11 月出生。1998 年师从国际著名肾脏病专家、中国工程院院士陈香美教授，2001 年获得肾脏病学博士学位。林洪丽教授享受国务院政府特殊津贴，是教育部新世纪优秀人才获得者，国家卫生和计划生育委员会公益性行业科研专项首席专家，第九届“中国医师奖”获得者。现任大连医科大学附属第一医院肾内科主任、大连医科大学肾脏病研究所所长、辽宁省肾脏病转化医学研究中心主任、辽宁省慢性肾脏病一体化防治重点实验室主任。长期致力于慢性肾脏病一体化防治的基础与临床研究，多项研究成果填补了国内外空白。

2015 年夏天，第四届“中国女医师协会五洲女子科技奖”颁奖大会在人民大会堂举行，来自大连医科大学附属第一医院的肾内科主任林洪丽教授获此殊荣，这是她荣获的又一个专业大奖，再次引发外界关注。

20 多年来，林洪丽似乎已经没有了节假日的概念，只要没有到外地出差，她都要到医院查房、处理病情，即使春节也从未间断过，即使在外地讲课或开会也会时常晚上给值班医生打电话，指导病房危重症患者的病情和治疗。不论工作时间内外，只要患者病情需要，她随时都会出现在医院。每次在专家门诊时，除了预约的患者，会有许多外地或本市的患者转过来，由于挂不到号，林洪丽都会给加号，直到为所有患者看完病。

医者的使命感和责任感使林洪丽在业务上精益求精，不断开创新技术、新疗法。她提出的创新性改良肾穿刺活检技术使肾出血风险明显降低，术后卧床时间更短；她提出的基于临床表现-肾脏病理-免疫状态相结合的中重度 IgA 肾病个体化治疗方案、原发性肾病综合征营养及免疫治疗方法、血液净化技术治疗难治性肾病综合征等新技术、新疗法，使部分难治性肾病综合征患者的病情得到缓解，重新燃起对生命的希望。

林洪丽教授作为辽宁省肾脏病领域的领军人才，所领导的学科于 2012 年成功获批国家卫生和计划生育委员会肾脏病国家临床重点专科建设项目，成为辽宁省的肾脏病“国家队”，标志着学科诊疗水平跨入全国先进行列，使大连市民“足不出市”就能享受国家级医疗团队的诊疗服务，省内外患者慕名纷至沓来。近年来，学科还先后获批卫生部首批腹膜透析培训示范中心、全国县级医院血液净化培训基地、卫生部肾脏专科医师培训基地、国家药物临床试验机构、慢性肾病国家临床医学研究中心核心单位。

取得诸多成就的林洪丽，在外人眼中，从没有一句惊天动地的“大话”。在林洪丽自己眼中，她认为自己所做的一切，只是身为一名医生“尽责”而已。

率先开展腹腔镜下取石等微创技术

人物简介　尚东

尚东，男，1971 年出生，大连医科大学附属第一医院副院长；专业：中西医结合临床外科（胆胰疾病的中西医结合治疗）；在急性胰腺炎、肝胆管结石、急性胆管炎、胆囊疾病的腹腔镜、胆道镜等微创治疗方面有较深的造诣；教授、博导、辽宁省特聘教授、大连市领军人才，国家临床重点专科、辽宁省胆胰疾病中西医结合治疗中心、辽宁省教育厅重点实验室负责人，国家重点学科青年学术带头人。

1971 年出生的尚东可谓年富力强，各方面都有成果。尚东曾在美国宾夕法尼亚 Thomas Jefferson 医院胆胰外科中心学习，师从世界著名的胆胰外科专家 Charles Yeo 教授。

目前为中国中西医结合学会普外专业委员会副主任委员、中华医学会消化内镜分会外科学组全国委员、辽宁省中西医结合学会普外专业委员会主任委员、辽宁省外科学分会胰腺外科学组副组长、国家自然科学基金评审专家；*Medicine* 杂志特约审稿人、《世界华人消化》《中华消化外科》《中国中西医结合外科》《中国医师进修》《临床肝胆病》《肝胆胰外科》等杂志编委。曾获首届中西医结合优秀青年贡献奖、辽宁省青年科技十大英才、辽宁省“百千万人才工程”百层次人才、省卫生系统青年岗位能手、大连市优秀专家、大连市首届十大青年科技奖等荣誉。

主要从事中西医结合诊治胆胰疾病的基础和临床研究，特别是在中西医结合微创治疗胆胰疾病方面有深入研究，在急性胰腺炎研究方面提出了许多新的理论，采用中西医结合多元化微创治疗重症急性胰腺炎，病死率明显下降，取得了良好疗效，率先在大连市开展腹腔镜下经胆囊管胆道镜胆管取石术等微创技术。

科研与临床工作同步进行，是尚东的工作状态。他已在国内外发表论文

50余篇,最高影响因子为5.7。主持国家自然科学基金2项,省、市级科研项目8项,科研经费1000余万元。科研成果6项,先后获省部级一等奖1项,二等奖3项,三等奖3项,市级一等奖2项。担任参编及副主编的著作有:《实用外科手术学》《实用中西医结合外科学》《实用老年外科学》,主译Blumgart《肝胆胰外科手术图谱》等著作。

尚东的教学工作也在与科研和临床工作齐头并进。这些年他已培养了博士、硕士研究生40余名。

探索胃肠动力的先行者

人物简介 段志军

段志军，1966 年出生，教授，主任医师，博士学位，博士生导师，大连医科大学附属第一医院消化二科主任，临床诊断学教研室副主任。从事慢性肝病、肝纤维化以及相关并发症的实验和临床研究；胃肠动力障碍性疾病的临床诊疗研究。获省科技进步奖 3 项，省教学成果奖 2 项，市科技进步一等奖 1 项，其他科研教学奖项 7 项。

“十一”长假刚过，很多人还被假期综合征折磨得“无心恋战”，但在大连医科大学附属第一医院消化二科，段志军教授早已投入紧张繁忙的临床工作中来。实际上，她已经占用了黄金周的宝贵休闲时间，到日本交流学习，直到假期临近结束她才回国。而这样快节奏的工作状态，已经持续了许多年。

近年来让段志军乐此不疲的，是对于老百姓听起来还属于“新事物”的胃肠动力障碍性疾病的临床诊疗技术的研究和推广。最新医学研究表明，类似胃食管反流、功能性消化不良、慢性便秘等长期困扰不同人群的疑难杂症，都跟胃肠动力障碍有关，而且往往引发多器官损伤。以往大多只是简单的药物治疗，这一领域的相关诊疗技术的应用是最近几年才被国内医学界广泛接受，但早在 2011 年，段志军便在东三省率先涉足该领域的临床诊疗技术的开展。

长期在日本、美国进修学习的经历，使得段志军的研究一开始就有了国际化的视野和魄力。借助和国际权威专家、美国胃肠病学院院士陈建德教授的合作基础，段志军促成了大医附属第一医院同国际上胃肠动力研究方面执牛耳的美国霍普金斯医学院神经胃肠动力中心的联手，这一中美医疗合作新模式的结晶——中美合作神经胃肠动力中心，已于 2015 年 9 月在大医一院挂牌成立。下一步，段志军将要积极打造中美专家远程疑难病例讨论的诊治模式，争取让相关患者在大连也可以享受到国际化的专业治疗方案。

不仅如此,段志军教授还牵头在大医一院设立了胃肠动力多学科诊疗协作门诊——这个在全国范围内属于首创的胃肠动力门诊。“这个门诊最大的好处就是不再让那些所谓疑难病例患者穿梭奔走于各科室之间,省时省力。病情同时被多个学科医生了解并集体研讨,这样制订出来的治疗方案非常有针对性。成立至今,解决了不少难题,受到患者们的交口称赞。”段志军教授表示。

在以精湛的医术治病救人的同时,段志军教授还以极大的热忱投入到教学工作中。段志军主编并出版了中国科学院专家委员会规范化教材《临床诊断学实习指导》,目前已在众多医学院校作为实习教材使用。作为科主任和博士生导师的她精心培养了一批热爱医疗工作、有精湛技术的消化专业人才。2014 年获评辽宁省特聘教授、辽宁省教学名师奖。

过了50岁依然有理想

人物简介 姜一农

姜一农，大连医科大学附属第一医院高血压及结构性心脏病病房主任，心血管病院副院长。教授，博士生导师，享受国务院特殊津贴。1990年以来，一直在医学教学与研究一线工作，是国内享有盛誉的著名高血压学科专家，参与了我国高血压指南的制定。获辽宁省政府科技进步二等奖两项，辽宁省政府科技进步三等奖两项。2005年入选百千万工程百人项目。2006年入选国家新世纪百千万人才工程。

治病救人、教书育人，正是姜一农热爱的事业。身为大连医科大学附属第一医院高血压及结构性心脏病病房主任、心血管病院副院长，姜一农是国内享有盛誉的著名高血压学科专家，参与了我国高血压指南的制定，是大连医科大学省重点学科——心血管内科的学科带头人。

"在内科中，心血管内科最具有挑战性，病人大都是急、重、危，需要医生任何时候都要保持头脑清醒与冷静，反应快、出手迅速。另外，心内科检查手段最多，新技术最多，这就要求医生的知识面广，也要不断学习和掌握新知识、新技术。"姜一农告诉记者说。面对情况危急的病人，平日里紧张的工作量可想而知。每当值夜班时，心内科值班人员常常几乎整夜都无法休息。她们常常被善意地调侃："女人当男人用。"

不过，每当看到病人渐渐转好直至康复，就算再辛苦，姜一农心里也有莫大的安慰，"这是一个能很快看到自己工作成果的职业。一周、半个月，看到病人好转，回归家庭和社会，给他们的家庭带去幸福，为社会做贡献，心里就有强大的满足感和成就感。可这个前提是，你一定得拿手。"

从1990年以来，姜一农一直在医学教学与研究一线工作。每年承担本科、七年制和外文班诊断学和内科学教学工作。2000年任硕士生导师，2004

年任博士生导师。指导博士和硕士研究生80多人,已毕业博士9人。

在医学研究方面,姜一农从事心血管疾病的临床和基础研究,尤其是高血压病的脏器损伤和动脉粥样硬化的临床及基础研究。回国工作后,她的临床工作主要致力于高血压及相关疾病的防治和研究,建立了继发性高血压筛查体系,开展了动态血压监测、上臂加压超声检测肱动脉内皮依赖性舒张功能、肾上腺静脉取血评价双侧肾素活性定位诊断原醛、高血压早期肾血流灌注等相关研究等技术。她所率领的团队在国内同领域处于领先地位,所在病房是东北地区最具实力的高血压及相关疾病诊治中心。

如今的姜一农这样评价自己:“50岁过了,仍然有理想。”“把自己学习总结的东西都教给学生,让他们更快成长……”姜一农还紧密跟踪国际相关领域进展,尤其是在对日交流方面发挥重要作用。以姜一农为主要联络人的“中日高血压论坛”也已经成为中日心血管交流的重要平台。

他把麻醉做成艺术

人物简介 闻庆平

闻庆平，1971 年生，教授，博士生导师，现任大连医科大学麻醉学系主任、附属一院麻醉学教研室主任、辽宁省医学会麻醉分会和辽宁省麻醉质量控制中心副主任委员。1994 年来到附属一院麻醉科工作至今，在心血管麻醉及危重症麻醉方面具有丰富的临床经验。主持和参与国家自然科学基金 3 项、省级课题 4 项。获得大连市领军人才、大连医科大学教学名师、附属一院优秀学科带头人等称号。

“把麻醉做成艺术”，采访闻庆平教授，初次听他提到这句话时有些不解。闻教授说，《出彩中国人》中一位主妇表演过树枝平衡功，其所搭建起的平衡构建，就是我们麻醉医生在工作中所追求的完美境界，把工作做到极致就是艺术。麻醉的艺术之美在于让患者在梦醒之间游刃有余，在梦境中去除病痛，在苏醒时拥抱新生。

一番交谈后，记者了解到，麻醉远不是扎一针这么简单，麻醉医生其实算是外科中的内科医生，更是全科医生。临床麻醉涵盖了术前、术中、术后的围术期全程的管理，包括术前访视准备，术中各项生命体征监测及各种意外情况的处理以及术后苏醒阶段监护、术后镇痛等方面。闻教授说，他们工作中的半点疏忽就好比平衡树枝上的那根羽毛，即使再轻微也会导致严重后果，具备良好的麻醉技术才可以为围术期患者守护生命。

为此，闻教授提出“三满意”的工作要求，即患者满意、外科大夫满意、自己满意，每次手术不得有半点侥幸。他要求科室人员，每天晨会对当日疑难重症病患的麻醉进行总结讨论，把先进的理念和麻醉新进展在科室推广使用，并在我市率先提出麻醉可视化、精确化理念，在学科内起到了领先和带头作用，开始了由经验麻醉向精细麻醉转变。以“诚”为本，以“信”为本，是闻庆平的行医准则,他说,只有心摆正了,才会对病人坚守诚信,才能兑现全心全意为病人服务的诺言。同时,他们开展的经食道超生技术、麻醉深度监测,新型血流动力学监测以及超声引导下的神经阻滞等技术不仅填补了大连地区的空白,更让附属一院麻醉技术达到国内一流水准。

作为学科带头人,做好自己不行,重要的是要做好"传、帮、带"。闻庆平1994年在大连医科大学临床医学专业毕业后留校,在附属一院麻醉科工作至今。2005年,闻庆平和他的老主任一起申办了麻醉专业,使大连医科大学第一次有了麻醉系,他也在开展医疗工作的同时,开始了他的教学工作。2007年,闻庆平开始全面主持麻醉学系工作,制定了更加合理的专业教学计划,组建了麻醉学技能实验室,主编多部麻醉学专业讲义,填补了专业教材的不足。

20多年来,闻庆平教授一直踏实肯干,任劳任怨。在医德、医术及教学与科研上成绩斐然。采访中,闻庆平的"极致艺术"时时感染着记者。作为领军人物,他的追求和理念也深深地影响和带动着他的团队。

医院的大家长　学生的好导师

人物简介　赵作伟

赵作伟，1972 年生，中共党员，医学博士，普外科教授，博士生导师，大连医科大学党委常委，大连医科大学附属第二医院院长。

从事普外科临床、科研及医院管理工作二十多年，精通普外科各种疾病的诊断及治疗。获得“推进医改，服务百姓”十大新闻人物，最具领导力中国医院院长，辽宁省“百千万人才”工程百人层次人选，大连市十大杰出青年，大连市十大青年科技标兵等称号。

从事临床和教学工作已有二十多年，从事医院的管理工作也有十余个年头，在患者眼中，他是一位医术高超的普外教授；在同行的眼中，他是一位让大医二院完成“弯道超车”，走上快速发展的领头人；而在学生眼中，他又是一位严厉有余而又对学生关怀备至的好导师。赵作伟，大连医科大学附属第二医院一位年轻的大家长，正是在他的带领下，让这家医院正向着人性化、现代化、国际化的目标稳步前进。

赵作伟从医二十余年来，以高尚的医德、精湛的医术赢得了患者的尊重和社会的认可。他在普外科疾病，尤其是乳腺及胆胰疾病的诊断、治疗方面积累了丰富的临床经验，能够独立完成普外科多种高难度手术，如乳腺癌改良根治术、乳腺癌保乳根治术、甲状腺癌颈廓清术、胃癌根治术、右半肝切除术、胰十二指肠切除术等。他那严谨的科研态度，精湛的医疗技术也得到了同行的一致认可。

作为医院的大家长，赵作伟也是一位优秀的管理者。2012 年年底，面对医院员工缺少“精气神”，自信不足，医院影响力不大，学科特色不鲜明的状况，他提出了“不空想、不抱怨、有激情、在状态”的十二字方针，并在此精神的指引下带领全院上下齐心协力、攻坚克难。经过近两年的发展，医院的内外环境变美了,医院的知名度也随着医疗水平的进步而有所提高。特别是在医疗改革方面,赵作伟带领的大医二院始终立足公益性和社会责任,走出了一条与新医改结合的创新之路。率先在辽南地区建立了以信息化为支撑,纵向贯穿三级医院、二级医院、基层医疗机构,横向覆盖疑难重症诊疗、急诊急救、居民健康管理的多维度三级联动医联体模式的医疗联盟。医疗联盟的实践也在客观上促进了分级诊疗新秩序的形成。

此外,自 2012 年以来,赵作伟开始在医院推行亚专科分科和建设,“亚专科建设是一块硬骨头,但势在必行”,这是赵作伟院长常常挂在嘴边的一句话,经过全院上下的共同努力,医院三年来已完成 59 个亚专科分科。

赵作伟在承担临床及医院管理工作任务的同时,始终坚持在教学第一线。作为研究生导师,他更是认真负责,在学业上对待学生严厉有余,在生活上则会给予学生无微不至的关怀,他指导的研究生的科研成果已有多篇论文在国内外杂志上发表。

把滨城无偿献血打上全国先进标签

人物简介　梁晓华

梁晓华，1968 年 7 月出生。大连市输血医学专业的学科带头人，现任大连市血液中心党委书记、副主任；大连医科大学兼职教授、硕士生导师；中国输血协会献血促进工作委员会、血液质量管理工作委员会委员；辽宁省免疫学分会免疫技术专业委员会副主任委员；辽宁省输血协会理事；辽宁省医学会输血学分会常务委员；大连市输血质控中心主任委员、大连市医学会输血分会候任主任委员；大连市医学会医疗事故技术鉴定专家库成员、法医物证司法鉴定人等。

血液对于人体的重要性已无须多言，鱼儿不能离开水，人要是没了血液生命就无法延续。在大连有一位与血液打了 23 年交道的输血医学专业的带头人梁晓华，作为输血界的领军人才，带领全中心职工将大连市血液中心建设成全国一流的采供血机构，为我市及全国输血事业的发展做出了重要的贡献。大连市已先后 9 次 18 年荣获"全国无偿献血先进城市"。

梁晓华从事输血技术与研究工作 23 年，为大连市器官移植配型、法医物证、输血研究、造血干细胞库配型等技术、科研和创新做出了突出的贡献，硕士研究生毕业后，她由一名大学教师成长为一名在全国输血界享有很高声誉的年轻的输血专家。

5 年来，她主持的"血站采供血能力评估方法的研究与应用"的省部级课题已获辽宁省科技进步二等奖；"我国输血事业的现状与发展策略的研究"已获大连市科技进步一等奖；国家卫生发展研究中心委托的"基于流水线式高通量 ELISA 检测平台的献血者回招策略研究"科研课题正在紧张地进行之中；主持 2 项大连市级课题，参与辽宁省教育厅课题"利用 DNA 芯片进行个体识别的研究"和"荧光标记复合扩增 SNP 位点用于个人识别的研究"课题，填补了国内空白，既有临床意义又有社会价值，参编专著 9 部……

梁晓华从血型研究室基层做起，带领科室成员，把该科室建设成大连市医学重点学科，中国造血干细胞 HLA 分型实验室，大连市器官移植配型中心，大连市法医物证鉴定所；她带领市血液中心的专业队伍经过几年的艰苦努力在全国输血系统首家通过了 ISO15189 医学实验室认可，并于 2015 年又通过了国家级法医物证实验室认可。至此，大连市的血液质量鉴定结果和司法鉴定结果实现了国际互认。

面对目前大连采供血的严峻形势，梁晓华带领大家建造了 12 个献血屋，这些献血屋成为全市文明建设的一道靓丽的景观。全市城乡的献血网络已基本形成，同时，市血液中心与全市城乡 68 个医疗供血医院全部实现了网络化、规范化和科学化管理，成为全国无偿献血最先进的城市之一。

梁晓华常年在电视台、电台进行献血的宣传，利用新闻直播、健康访谈等科学栏目，向市民宣传、讲解血液的科学知识。近年来，作为全国输血界的知名专家，向兄弟省市的输血和临床专业人讲授实验室建设与科学输血的知识，推进了各省输血事业的快速发展。

新领军者(二)

文化教育类

她的教学研究在全国响当当

人物简介 王冰

王冰，1964 年生人，大连教育学院初中数学研训教师，辽宁省特级教师。1985 年毕业于辽宁师范大学，2005 年获得辽宁师范大学教育硕士学位。参加工作以来，曾教授初中、高中、大学数学课程。2005 年至今从事初中数学教师教育工作。

作为大连市初中数学学科教学的引领者，王冰多年潜心研究专业内容，取得了骄人成绩。在教材研究上，王冰老师开创了全国市级研训教师（教研员）主编、参编国家最具影响力的中学教师教学用书和教科书的先河。

人民教育出版社在编写与教育部《数学课程标准 · 2011 年版》配套的《义务教育教科书 · 数学》时，首次聘请了具有丰富教材研究经验的 6 位教研员作为编者。王冰参与编写了教科书八年级上册，并全程参与了七～九年级其他五册教科书编写的研讨过程。同时，她又被人民教育出版社聘请做教科书配套教师教学用书的分册主编，组织编写了《义务教育教科书 教师教学用书》八年级上册。这两本书已于 2013 年 6 月正式面向全国出版发行，目前八年级学生、教师正在使用。十年来，王冰共出版著作 8 部（其中个人编著 1 部，主编 3 部，参编 4 部），出版光盘 2 张，发表论文 29 篇（其中核心期刊 8 篇），主编教辅材料 43 本。

作为大连市初中数学教师专业发展的领路人，王冰还在培养和培训教师上开展了大量卓有成效的工作。她通过开展课题研究，带领区域教师研究教学策略，总结教学经验，提高教学质量。十年来，王冰带领团队共开展 8 项科研课题研究（其中主持科研课题 5 项，参与课题研究 3 项）。在王冰的精心培养和带领下，大连市的一批优秀数学教师在全国已具有一定的影响力。

作为大连市中考数学学科试卷的审题者,王冰还以极其强烈的责任感和使命感,全身心投入,一丝不苟。由她负责的2007、2010、2011、2012、2013、2014、2015年大连市中考数学试卷在科学性、导向性、保密性上得到了数学学科专家、大连市各界人士的广泛认可和高度评价。

作为全国具有一定影响力的教学研究专家,王冰身兼数职,被聘为全国中小学教材审查专家库学科审查专家和辽宁省中小学教材审查专家库学科审查专家,国家核心期刊《中学数学教学参考》特约编辑,《大连教育学院学报》编委,辽宁省教育学会中学数学教育专业委员会常务理事等。她还被人民教育出版社聘为教材培训团专家,为湖北、新疆、云南等全国中小学骨干教师培训班等二十余个省市教师进行新教材培训和专题讲座。

王冰的工作得到了大连教育学院的高度认可和热情鼓励,曾获得"大连市优秀教师"、东北地区"优秀数学教研员"等荣誉称号。

为东北地区翻译学发展做出贡献

人物简介 王大智

王大智，女，1973年生，九三学社社员，翻译学博士，教授，大连外国语大学法语语言文学专业硕士研究生导师。

多年来，王大智教授从事法语语言文学专业研究，收获了丰富的科研成果。自2004年以来，她致力于"翻译伦理研究"，发表多篇具有影响力的翻译学理论文章，并著有相关论著。先后获得大连外国语大学首批中青年学科带头人、辽宁省"高校优秀青年骨干教师"等称号，并入选中国科协"参与联合国咨商工作专家库"第一批人员；入选辽宁省"百千万人才工程"千人层次、辽宁省高等学校优秀人才支持计划以及辽宁省"百千万人才工程"百人层次。

王大智教授一直兢兢业业地奋斗在教学、科研、翻译的第一线，为大连外国语大学乃至东北地区的翻译学发展做出了突出贡献。作为研究生导师，她潜心教学，培养了多名法语翻译学硕士，为各高校输送了大量的法语教学人才；作为东北地区首位法语翻译学博士，她严于律己，发表了多篇具有影响力的科研成果；作为译者，她一直俯首书案，甘当中法文化间的摆渡人，至今已出版十余部译作。

在教学方面，王大智教授着力培养学生自主科研、思考的能力，教学之余，她定期组织讲座、研讨会、读书会，鼓励青年教师、研究生及本科生畅所欲言，积极交流学术经验。"润物细无声"，在她的影响之下，已有多名毕业生在国内外知名高校继续攻读法语文学及翻译学博士学位，为法语教学与研究的发展注入了新的活力。

在科研方面，作为国内较早从事翻译伦理研究的学者，王大智教授始终站在学术前沿，跟踪国内外翻译学领域发展的最新动态和趋势，保持科研视野的前瞻性、先进性，所主持的省部级以上科研课题均在国内翻译界处于领先地位，所发表的学术论文在该研究领域得到较为广泛的引证，同时得到了翻译界的普遍认可。至今共主持有关国家社科基金项目 1 项，省部级相关科研课题 3 项，大连外国语大学校级科研、教改项目若干。先后出版学术专著 1 部，主编教材 2 部，编著教材若干，发表学术论文十余篇。

王大智教授不仅勤勉于翻译教学、科研，而且一直致力于翻译实践。她以理论指导翻译实践，以翻译实践深化理论探索，积极搭建中法文学、文化交流的桥梁，至今已出版译著十余部，逾二百万字。2011 年和 2013 年，她担任副主编并组织译者翻译、出版了《圆明园劫难记忆译丛》(第一辑和第二辑)。该丛书被中国国家图书馆收藏，一经面世便引起了翻译界及近代史研究人员的广泛关注，被认为“填补了中国近代史和中西交流史的叙事空白”。在她的带动与影响下，法语系中青年教师形成了良好的工作氛围，教学、科研、翻译“三驾马车”齐头并进，为法语教学与研究不断增添新的光彩。

与文物进行超时空“对话”的人

人物简介 王振芬

王振芬，女，1966年1月出生，现任旅顺博物馆馆长，研究馆员。1989年毕业于吉林大学古籍研究所，师从著名先秦史学家金景芳先生，获中国古代史专业硕士研究生。同年进入旅顺博物馆工作，先后从事文物研究、陈列展览和文物征集与管理等博物馆工作。在专业研究上，从事博物馆学、金石学、佛学和敦煌吐鲁番学的研究二十多年，现为中国博物馆协会常务理事、中国敦煌吐鲁番学会理事、中国辽金史学会副秘书长、中国文物协会会员、日本龙谷大学特邀研究员、大连市文博协会会员、大连市地名智库专家。

2008年，她发现了中国已知唯一保存下来的景教麻画；2010年，她发现了学术界“佚失”近半个世纪的旅顺博物馆藏敦煌写本《坛经》；2012年，她带队对馆藏佛教造像进行全面整理和研究；2015年，她组织对馆藏的罗振玉书籍进行了系统整理……她就是旅顺博物馆现任馆长王振芬。

2010年，王振芬带队对旅顺博物馆馆藏善本资料进行了全面整理，其中有16部善本入选了全国珍贵古籍目录。

2012—2013年，她带队对馆藏佛教造像类文物进行全面整理与研究，推出《宝相庄严——馆藏中国佛教造像精品展》，同时出版《旅顺博物馆藏品精华——中国佛教造像》。

2015年，她组织开展了旅顺博物馆可移动文物预防性保护工作，向国家文物局申报了主要针对展厅和文物库房中珍贵文物保存环境质量监测与调控，初步建立了比较完善的博物馆文物保存环境监测系统，《旅顺博物馆珍贵文物保存环境监控保护方案》获得了批准。

她还组织人员对于馆藏的罗振玉书籍进行了系统整理。王振芬馆长不但是一位优秀的管理人才，同时也是一位优秀的业务专家，在国内外多所大学进行不定期的专题演讲。近年来，她致力于佛教文献与艺术、敦煌吐鲁番学等领域的研究，取得了诸多成果，先后在各类学术期刊上发表论文二十多篇，出版专著3部，其中有5篇在日本学术刊物上发表和转载。她还是日本2006—2008年度科学研究补助项目——“敦煌吐鲁番汉语文献相关研究”课题中方主要参加者，同时也是旅顺博物馆与日本龙谷大学合作研究项目——“中亚出土佛教写本”课题的领军人物。

2008年，她通过认真研究，发现了中国已知唯一保存下来的景教麻画，所撰写的《大谷收集品中新发现的带有景教符号的地藏麻画初探——兼论回纥高昌时期景教与其他宗教的关系》一文在同年召开的第三届吐鲁番学暨欧亚游牧民族起源与迁徙国际学术研讨会上宣读，并收录于同会论文集，该文还被日本学术期刊转载。

2010年，她发现了学术界“佚失”近半个世纪的旅顺博物馆藏敦煌写本《坛经》，在国内外敦煌学界引起了广泛关注。

多年潜心与文物“对话”，让她收获颇多。她所撰写的学术专著《旅顺博物馆藏西域文书研究》《旅顺博物馆藏敦煌的写本坛经》分别获得了大连市社会科学进步专著类三等奖、全国优秀古籍二等奖。她让更多的人得以跨越时间、空间，“对话”文物、触碰历史。

和你在一起　一路同行

人物简介　付寒松

付寒松，男，1968年出生，从事媒体传播及研究工作二十年，是广电文化产业中电视传播及节目创新方面的带头人，曾获辽宁省优秀新闻工作者、全国首届广播电视生活节目优秀人物等称号。担任中国广播电视协会经济节目委员会副理事长、评委，中国广播电视协会生活节目委员会常务理事。所领导的大连广播电视台生活频道连续两年被评为"全国电视媒体民生影响力十强频道""全国生活服务类频道十强"。所创建的多个栏目多次获得国家、省、市级栏目奖及作品奖，一等奖。

从1993年离开教师岗位到现在，他从事电视工作已经22年了。22年来，他为电视事业不断奋斗，不断超越，仅2014、2015年，他就带队打造了属于大连人自己的视听盛宴——《大连唱将》、大连首档大型创业梦想秀——《创业英雄》等备受欢迎的栏目，更别提《21点直播室》《城市发现》《逛街》《生活一级棒》《城市直通车》《欢乐家年华》……

他就是付寒松，大连广播电视台生活频道总监。曾经在辽宁税务专科学校当过英文老师的付寒松，1993年放下教鞭后，进入大连电视台新闻中心工作。正是因为有着这样的工作经历，他对经济、民生类节目有着异常敏锐的把握。《略谈平民经济互动电视节目对主旋律的把握》《试论城市电视台财经节目如何提高整体营销能力》《城市电视台播出季电视节目的理解和突破》《金融危机下的财经报道探索》等论文也都从经济民生角度对电视节目的发展进行了研讨。

在他的带领下，大连广播电视台生活频道也成为大连地区最具民生影响力、具有高度创新精神的大众传媒之一，日播出时间已达19小时，为全国百强电视频道。现在，生活频道拥有民生新闻节目《城市直通车》、美食节目《大连好生活》、深受年轻人欢迎的节目《我的朋友圈》以及众多的旅游、时尚、娱乐类生活服务节目，同时还生产制作了一大批有影响力的大型活动和季播节目：以帮助高考贫困生为主要目的的助学行动“圆梦”，连续五年帮助近百位家境贫寒成绩优异的学子实现大学梦；大型季播歌唱类节目《大连唱将》将城市娱乐推向高潮；大型创业梦想秀《创业英雄》则广泛传播了大连这座城市的创业精神。

近年来，付寒松更是把目光从单一的电视节目制作上投到了更广泛的领域中去。在他的带领下，生活频道对大型活动的承办日益成熟，对于品牌活动的电视艺术化表现形成了自己独到的风格。《倾国倾城——北方明珠璀璨夜》在央视播出，并成为大连市规模最大的户外艺术演出；《时代之魂——大连市优秀企业文化展播》也为新形势、新时代下企业文化研究和表现探索了新的途径；《中国航海日庆祝大会庆典》也是大连电视台承办规格最高的单体活动。

提及今后的目标，付寒松说，2015 年不到一年的时间里，生活频道就组织了观众优惠购物、品尝美食以及外出旅游等十几项互动活动，观众实惠不断、欢乐不断。今后，服务民生、关注百姓仍是我们努力的方向。我们会倾听来自社会每一个角落的声音，和你在一起，一路同行。

领航外语人才培养　促进大学服务社会

人物简介　刘宏

刘宏，1971 年 7 月生，大连外国语大学校长，教授、博士生导师、教育学博士，现任教育部全国高校外国语言文学类专业教学指导委员会委员、俄语教学指导分委员会秘书长兼副主任，入选辽宁省“千百万人才工程”百人层次，是辽宁省特聘教授、辽宁省教学名师、辽宁省优秀教师、辽宁省青年骨干教师、辽宁省俄语专业带头人、大连市第五批优秀专家，享受大连市政府津贴。

多年来，刘宏教授潜心教学，专注科研，投身管理，在推动学校内涵式发展，服务国家战略，打造国际化办学特色品牌等方面做出了积极的贡献，为学校整体办学能力的提升起到了关键的作用。

作为一名教授，自 1996 年留校任教以来，刘宏牢固树立“以生为本”的理念，一直为本科生、研究生、博士生上课，默默坚守在三尺讲台。在她的带领下，学校俄语学科的人才培养、教学改革、课程体系建设、学科专业建设等都取得了突出成就。刘宏教授是国家级精品资源共享课程主讲教师，是国家级教学团队的核心成员。主讲的“当代俄罗斯社会生活”本科课程被评为辽宁省精品资源共享课；主讲的“俄语语言文化学”研究生专业课程被评为辽宁省精品课程；培养的硕士研究生多人次获得全国高校俄语大赛一等奖和二等奖；指导的硕士研究生论文多次被评为省级优秀硕士论文；完成东北亚外交外事博士人才培养项目期间，努力拓展研究方向，促进俄语学科与国际政治和国际关系学科交叉融合，形成国际政治语言学和公共外交等新的学科研究方向，形成教学相长。

刘宏教授坚持以科研为抓手，在提高自己科研能力的同时，全力促进学校整体科研实力的提高。多年来，作为学校省级创新团队主持人和俄语学科团队带头人，参与国家社会科学基金项目“拉斯普京创作研究”顺利结题，主持

"俄语语言文化理论研究与实践探索"、"跨文化交际背景下俄语篇章研究"、"俄汉跨文化交际中的语言意识问题研究"等多个省级项目已经顺利结题,现主持国家社科基金重大项目子项目"东正教与俄罗斯民族语言"。出版学术专著2部,编写教材5部,发表论文六十余篇,18篇为CSSC1核心期刊论文。作为校长,刘宏教授带领职能部门积极开展科研管理改革,完善科研管理制度,加大科研奖励力度,激发广大教师从事科研的积极性,"十二五"期间学校科研项目数量和质量均有很大提升。

刘宏教授先后担任俄语系主任、教务处处长、主管科研工作副校长和全面主抓行政工作的校长。全面的岗位锻炼了她的管理能力和综合素质。担任教务处长期间,学校本科专业数量由8个增加到33个,其间,学校在省级和国家级教育教学质量工程中榜上有名,形成多元、多语种人才培养模式,为辽宁及全国培养了大批优秀外语人才。担任校长以后,结合国家"一带一路"建设需要,加强应用性复语型人才培养力度,完善现有的英语和俄语人才培养模式,着力培养精通英语、俄语及中亚和中东欧语言的复语人才。刘宏教授作为大连外国语大学校长,在学校国际化办学能力提升、地方大学服务国家战略、学校核心竞争力提高等方面做出了卓有成效的探索。以"东北亚高端外交外事人才培养"的博士项目为依托,在服务国家"一带一路"建设方面进行了积极的探索。创办学术刊物《东北亚研究》和资政性要报《东北亚研究动态》,带领相关学术骨干联合外交部、外交学院、清华大学国际战略与发展研究所、中央编译局、国家汉办、辽宁省外事侨务办公室、辽宁省社科院多次召开面向东北亚问题及"一带一路"建设国际学术研讨会,提升了学校服务国家战略的意识和能力。刘宏校长被聘为中央文献智库研究专家。先后在学校成立了省级"东北亚外交外事协同创新中心"和"一带一路人文交流机制协同创新中心",成立东北亚研究中心、中日韩合作研究中心、多语种翻译研究中心、中华文化海外传播研究中心等,提升学校智库建设水平。

不变的新闻情怀

人物简介 孙文阁

孙文阁，女，1966年生，中共党员，辽宁师范大学中文系毕业，研究生学历，硕士学位，高级记者，现任大连广播电视台人力资源管理部主任。

1991年，25岁的孙文阁从辽宁师范大学文艺美学专业硕士研究生毕业，被分配到大连市妇联所属的《现代女报》社，先后任记者、编辑、采编部主任、总编辑助理。1997年1月，调入大连人民广播电台新组建的新闻评论部，2000年4月任新闻中心副主任，主抓新闻评论部工作。2007年4月，应聘新闻频道副总监。2010年10月，大连人民广播电台和大连电视台整合为大连广播电视台，孙文阁告别了深爱的新闻一线工作，任人力资源管理部主任。

作为大连新闻界的领军人才，在从事新闻工作的二十多年里，孙文阁一直是公认的业务骨干。当记者和编辑时，每年都有新闻作品和论文获得国家及省、市新闻奖。她采写了大量有深度有影响的新闻作品，在连续几年的广播电视新闻奖评选中，连年获得全国、省、市广播电视新闻奖一等奖。

2007年，她开始担任大连电台新闻频道副总监，主管新闻业务。上任后，她通过组织策划重大题材的新闻报道及大型媒体行动，探索新闻传播的新模式、新形态，牵头组织制订了选题制度、策划制度、采访中的指导和监控制度，以及对采编播的后评价制度和业务研讨制度等一系列保证新闻生产流程顺利运行的业务管理制度。在大连举办的首届中国夏季达沃斯年会期间，孙文阁参与组织创划了连续3天30小时不间断直播的特别节目《风云达沃斯》，以在达沃斯会场设立开放式直播间的形式开创了大连广播特别报道的新模式。探索尝试了广播与新媒体的融合联动，在组织上海世博会的全媒体报道中，她带领团队突破以往广播单纯通过音响传播的报道方式，实现了广播的文字化、图片化、视频化全结合，此举为大连广播实现“台网合一”的融合发展，为实现记者从“单一”向“全能”转型做了有益尝试。

2008年，全国广播频道综合实力调研中，大连电台新闻广播跨入全国城市台新闻广播第一阵营第一名，新闻宣传和新闻管理是其中重要的衡量指标。

在多年的新闻从业过程中，孙文阁一边致力于广播新闻业务，一边针对实践中遇到的新问题、新困惑，深入研究、悉心探索，撰写出一批有价值、有分量的广播新闻理论论文，多次获全国、省广播电视优秀论文奖。她申报的研究课题“广播如何在社会主义新农村建设中发挥作用”被确定为辽宁省宣传文化系统“四个一批”人才培养项目，获得三万元项目基金。三万余字的研究报告由省委宣传部转送至相关部门，供决策参考。2012年，其中的万余字摘要文章由辽宁人民出版社汇编成书。

担任人力资源管理部主任后，她仍然没有放弃业务学习和研究。2012年，她参与了中国传媒大学课题组“关于大连广播电视台全媒体新闻中心建设研究”课题，着重参与“全媒体新闻中心的组织架构与人力资源优化重组”方面的调研和撰稿工作。工作之余，她始终坚持学习广播电视业务，同时主抓全台的业务培训。以“传媒名家大讲堂”“业务实训班”为载体的培训工作紧贴一线业务需求，带动了全台采编播人员业务学习的常态化和规范化。

凭借在新闻业务上取得的良好成绩，她获得了“全国百优理论人才称号”，首批入选大连市宣传文化系统“六个一批”人才，首批入选辽宁省宣传文化系统“四个一批”人才。

成功就是厚积薄发

人物简介 邱明辉

邱明辉，1968年生，博士、教授。1987年考入吉林大学物理系，1991年本科毕业，同年免试进入吉林大学物理系攻读硕士学位，1994年6月硕士毕业（磁学专业）。同年到大连交通大学（原大连铁道学院）任助教。1996年晋升为讲师，2001年晋升为副教授，2006年晋升为教授。2002年考入中国科学院大连化学物理研究所在职攻读博士学位，2007年1月毕业，获理学博士学位（物理化学专业）。现任大连交通大学理学院院长。2006年获第二届大连市青年科技奖；2006年被评为辽宁省普通高等学校优秀青年骨干教师；2007年第六届辽宁省青年科技奖十大英才；2007年入选“辽宁省百千万人才工程”千层次人选；2007年大连市优秀教师；2008年获国家自然科学奖二等奖；2009年入选“辽宁省百千万人才工程”百层次人选；2009年被评为辽宁省优秀教师；2010年获大连市第五批优秀专家和辽宁省教学名师奖；2012年获国务院政府特殊津贴。

几经周折，在一个周五的早晨，记者终于见到邱明辉教授。邱教授给记者的第一感觉，正符合记者心中的学者形象：敦厚、儒雅而理性。

邱教授认为，课堂是产生兴趣的地方，教师是给予学生影响的人。自从1994年到大连交通大学以来，他一直工作在教学第一线，先后主讲过“大学物理”“物理实验”；开设过“激光物理”选修课，学生不胜枚举。每次讲课之前，他都花费大量的时间认真钻研教材，广泛查阅参考资料，他认为只有把知识理解透彻，才能领会它，进一步灵活应用。

在学生的眼里，课堂上的邱明辉教授对待知识一丝不苟，特别注意将前沿知识与课本知识相结合。可是，他私下与同学交流时却侃侃而谈，风趣幽默。邱明辉教授很注意教书与育人相结合，他总会给学生以激励，让他们的潜力无限发挥。

作为理学院院长,邱明辉教授认为学院管理是个很讲究科学的复杂问题,他认为作为教学单位,教学管理都是各项管理工作的重中之重,作为“大学物理”省精品课负责人也证明了这一点,带领出一流的教学队伍是邱明辉教授一直以来奋斗目标之一。

邱教授积极参加国内外科学研究工作:在大连化学物理研究所分子反应动力学国家重点实验室在职攻读博士学位时,追随导师杨学明院士研究分子反应动力学,2003 年在中国台湾“中央研究院原子与分子科学研究所”学习时,他曾在诺贝尔化学奖获得者李远哲教授进行研究的实验室里学习,受益匪浅。在导师的指导下,与团队其他成员合作,最终成功地研制一套世界领先的交叉分子束实验装置,并利用该装置进行氟原子与氢分子的反应动力学共振的研究,证实化学反应中存在共振现象,这项成果以邱明辉教授为第一作者发表在国际最著名的科学杂志 *SCIENCE* 上,同时该研究成果入选 2006 年中国十大科技进展新闻。邱明辉教授作为主要参加者之一,《化学反应过度态的结构和动力学研究》2008 年荣获国家自然科学二等奖。

邱明辉教授曾到美国加州大学圣克鲁斯分校做访问学者,进行纳米化学和纳米材料的理论和应用研究,现正在与北京交通大学学者合作进行该方向的研究。

默默付出,让邱教授收获了无数荣誉。邱教授认为,学习是无止境的,只有不断充实自己,才不会虚度光阴。

构建医者的医学人文精神培育体系

人物简介 宫福清

宫福清，1967 年生，辽宁师范大学党委书记、博士、教授、博士生导师，长期从事人文医学与思想政治教育教学、研究；2012 年享受大连市政府特殊津贴；任教育部高校教学指导委员会医学人文素质教学指导委员会委员、辽宁省医学伦理学会主任委员、中国卫生思想政治工作促进会医学教育分会副会长。

宫福清教授 2015 年之前在大连医科大学工作，长期从事人文医学与思想政治教育的教学与研究工作，主持教育部全国教育科学“十一五”国家级规划课题 1 项、辽宁省教育厅教育科学“十二五”规划课题 1 项、省教改立项 1 项；2014 年“医学生知识能力素质协调发展的医学教育实践体系的构建与实践”项目获国家级教学成果二等奖；2011 年“区域经济发展与高校学科建设”项目获国家教育科学优秀成果奖二等奖；2012 年“医学生医学人文精神培育体系的构建与实践”项目获辽宁省教学成果奖一等奖；2009 年“学科发展促进专业建设的理论研究和实践探索”项目获辽宁省教学成果奖二等奖；2011 年获辽宁省教育评价协会优秀成果一等奖、三等奖各 1 项；发表 SCI 论文 2 篇、SSCI 论文 1 篇、CSSCI 论文 3 篇、中文核心期刊论文 5 篇，主编教材 2 部。

说起人文医学，本科毕业于大连医科大学临床医学专业的宫福清教授深有感触地打开了话匣子：“我是学医的，多年的医学伦理学教学工作经验，让我有了更多的思考和研究。现在我们国家医学最大的问题是唯技术论，临床上见病不见人的情况很普遍，缺乏整体人的概念，技术至上。我认为这偏离了医学的方向，因为在本质上，医学就是人学，是为了人的科学，人是目的，而技术仅仅是手段。医学应该是自然科学与人文科学最完美的结合。”

尽管关于人文医学的定义尚有分歧，但在宫福清教授看来，最根本的是

"对人的关爱"和"敬畏生命"。正是基于这种思考,宫福清教授进行了长期研究和探索,并将取得的医学人文精神的研究成果应用于教学实践中。

宫福清教授所带领的团队包括人文社会科学、教育学、心理学、哲学、德育与伦理学等多学科专家,依托辽宁省教育科学规划重点研究基地"医学生医学人文素质教育基地",不断总结医学实践中医学人文精神培育的过程和经验,并将其上升到规律的层面来认识,重新定位了医学生的培养目标,明确界定了医学人文精神的概念、性质、特点、地位和价值,构建了医学人文精神培育的理论体系,提出设置医学人文学一级学科,整合全校各类资源,把对医学人文精神的培育融入医学生培养的全过程,落实到教育教学和校园日常生活的方方面面,不断提升医学生的人格、气质、修养等内在品质,实现医学人文精神培育体系的实践,取得了较好的效果,在2014年教育部临床医学专业认证中,大连医科大学临床医学学生的医学人文精神培养被专家组确定为鲜明的人才培养特色。

回国十年“70后”充实地忙碌着

人物简介 赵纪军

赵纪军，1973年生，大连理工大学教授、博士生导师，三束材料改性教育部重点实验室主任，担任 *Scientific Reports* 等四个SCI国际期刊编委。主要研究方向为低维物理、计算材料学。1992年南京大学强化部本科毕业，1996年在南京大学物理系获凝聚态物理学博士学位，导师王广厚院士。入选爱思唯尔中国高被引学者，教育部新世纪优秀人才，辽宁省“百千万人才工程”百人层次，大连市领军人才、优秀专家。

谦逊、平和、儒雅的学者形象，是赵纪军教授给记者的第一印象。1997至2005年，他先后到意大利、美国留学。2005年回国后担任大连理工大学教授、博士生导师。“回国整整十年，这十年来国家科教事业的蓬勃发展，给自己提供了充分的发展空间。感谢国家和学校的支持和给予的机会。”赵纪军告诉记者，十年来，他始终尽自己所能，充实地忙碌着。

赵纪军主要从事计算材料学研究，作为负责人主持四项国家自然科学基金面上项目、两项科技部热核聚变计划重大专项课题、一项973前期研究专项课题。在德国斯普林格出版社出版英文学术专著一部，在SCI国际刊物上发表论文300多篇，总引用8000多次，入选爱思唯尔2014年中国高被引学者（物理与天文学第七名）。

赵纪军发展了团簇基态结构的全局优化程序，系统性地揭示了团簇的结构演化规律；建立了有效配位数模型，解释了过渡金属团簇电磁特性的尺寸和结构效应；从团簇成核的角度出发，阐明了石墨烯和硅烯等二维单层材料在金属衬底上的外延生长机理，他因此作为第三完成人获国家自然科学二等奖。

此外,他建立了碳纳米管/石墨烯与表面吸附分子、官能团、金属原子之间相互作用的基础物理图像,对碳纳米材料的化学改性和物性调控规律进行了一系列成功的理论预言,多次被实验验证。论文被诺贝尔物理奖获得者安德烈·海姆和康斯坦丁·诺沃肖洛夫等知名科学家多次引用,两次被国际同行誉为“先驱计算研究”。

赵纪军长期在第一线从事教学工作,积极探索物理精英人才培养新模式,参与“王大珩物理科学班”的建设和规划,多次获省、校教学成果奖。担任博士生导师以来,已培养毕业博士生 15 人,硕士生 9 人,其中一人获全国优秀博士论文提名奖。

谈到未来的打算,赵纪军告诉记者:“发挥自己在计算材料学领域二十多年积累的研究经验,率领研究团队,发展具有自己特色的研究方法,对若干与国家重大需求相关的材料和处于国际前沿领域的低维材料开展深入研究,做出高水平的原创性成果。同时,希望今后能够培养出更多的优秀人才,在自己长期从事的领域里,做出有特色的成果,也让中国科学家在国际上有一席之地和更多的话语权。”

做一个积极的建设者与承担者

人物简介 耿聆

耿聆，1966 年生。1986 年毕业于东北师范大学中文系，文学学士，1990 年在复旦大学中文系进修，高级编辑，现任大连《新商报》报社总编辑、大连记者协会副主席、大连评论家协会副主席，获 2011 中国报业创新奖“贡献人物”；2013 年入选大连市第二批领军人才，辽宁省“四个一批人才”。2015 年 6 月，受国家新闻出版署培训中心的邀请，为“全国行业报社社长总编辑全国社科类期刊主编岗位”培训班讲学。

耿聆 1993 年进入大连日报社从事新闻工作；1999 年开始筹建《新商报》，历任《新商报》副总编、总编辑。从事新闻采编工作 23 年，深怀新闻理想，对于纸媒体在今天信息泛化时代的存在价值始终在积极探索中，在报业创新、新旧媒体融合的实战中有突出贡献：她是大连报业市场贴近民生的社区新闻的开拓者与实践者；是率先发掘双休日阅读价值的开拓者与实践者；是服务实用类新闻的开拓者与实践者；是整合媒体资源有效开发深度新闻的开拓者与实践者；是民生财经贴近市场赢得差异化生存的开拓者与实践者；是《银杏客》《读周刊》《教育烟火》等城市独一无二的文化版组的开拓者与实践者，是发行、市场和资讯三脉打通的渠道布局的开拓者与实践者……

2013 年，担任《新商报》总编辑的耿聆带领《新商报》完成了从传统都市报到商经特色都市报的转型。在 2013 年 12 月国家新闻出版总署教育培训中心举办的“第三十一期全国地市报都市报社长总编辑岗位培训班”上，做了题为“新商报差异化生存的市场探索”的主题发言，其带领《新商报》团队所做的有益而有效的新闻实践得到与会同行的肯定与关注，并获邀于 2015 年 6 月，为“全国行业报社社长总编辑全国社科类期刊主编岗位培训班”讲学。

耿聆清醒地意识到，纸媒的新常态是必须做好自己的“独一无二”，必须把新闻的根须更深地扎进实用的土壤里，提出了“报社就是一个文化创意公司，报纸以及相关的新介质就是创意平台”的理念，并身体力行引领团队把这种理念渗透到每一天新闻版组、每一套主题性报道之中。靠优秀的创意释放传播力、影响力，在创意中竭力放大文化创意的分量，是《新商报》最大的坚持和收获。

在耿聆的带领下，《新商报》“千里海岸行、城市家书、以纸换树、新年攀登新高的登楼大赛、大连榜样、让物质等一等精神、大连抗日商战记忆”等自发主题性报道，创造性地向社会各界传达了大连成就和管理智慧，产生了巨大的跨地域的影响力，为各级媒体提供了宣传大连的丰富素材，并多次出现在中央级媒体的版面和镜头上。其中，“城市家书”出现在《人民日报》的头版头条上，开大连综合性日报主题报道“进京”先河。同时，在诸如英特尔入连、英特尔增资、达沃斯会议等大连重大经济事件中，《新商报》都发出了极具专业化的声音，起到其他媒体无法替代的作用。

移动互联网时代，人人都是自媒体的制造者，众声喧哗，传统媒体如何能做到阵地不失？完成新旧媒体艰难的融合，继续拥有传播力和影响力？一支有转型能力的团队无疑是立根之本。

耿聆以知行合一的高度责任感发挥领军人物的带头作用，对自身的业务建设长抓不懈，所有的重大新闻发生时，都在指挥策划现场，《新商报》每年元旦的《新年献辞》和诸多本报评论员文章都出自耿聆之手，每周坚持写时评专栏，为采编人员示范了优秀报业人的职业精神。同时她注重团队的业务培训和心理建设。《新商报》的“记者训练营”开办以来，围绕思想建设与业务建设的培训每月举办一次，耿聆同志多次担任主讲人，在新闻理论素养上有着丰厚的积累，并把一份忠诚于党的新闻事业的理想，深植于采编人员的心田。除了新闻承担，耿聆同志还是一位深受读者欢迎的专栏作者，著有《风吹哪页算哪页》《人对了世界就对了》等一纸风行的畅销书。这些作品并非通常意义上的文学读本，而是触摸时代心理的“处方书”，在“如何安顿好自己精神”的长久探索中，试图尽一份新闻人的文化承担！在文学评论体写作上，耿聆也有着自己的建树，担任大连评论家协会副主席，其多篇作品被《光明日报》《中国记者》《中国新闻出版报》《艺术广角》《雨花》等国家级、省级刊物刊发。

耿聆说，无论什么样的时代，心怀理想、勉力建设、积极承担，永远是成事之本。她愿意做这样的践行者！

财经与法律类

踏实研究的经济专家

人物简介　王家永

王家永,1972 年生。大连市财政科学研究所副所长、经济学研究员。大连大学客座教授,大连财政学会秘书长。从 1995 年起一直从事财经研究工作,他在基础理论研究方面的专业深度以及在应用经济研究领域的求实韧劲和踏实作风得到了同行的赞赏和钦佩。他的专著《转型时期地方财政问题研究——基于大连政府理财视角》,填补了综合展现大连政府施政理念与理财思路的空白。

2008 年,王家永主持中共大连市委重点课题"加大民生投入政策措施研究",建设性地提出:大连政府应深化分配制度改革,努力实现城市居民可支配收入增长与经济增长大体同步。政府应借助工资改革契机,提高财政供养人员工资性收入,争取达到与 GDP 或人均 GDP 相近城市的水平。同时,增加调控力度,避免区域内工资性收入差距过大。近年来,这些措施逐步落实,增资直接效应和传导效应全面提升了大连市民的幸福度。

王家永长期从事财经一线工作,他研究的课题基本是全国上下普遍关注的焦点问题,事关政府治理和民众生产生活,也是地方政府所面对的热点、难点问题,具有很强的聚焦性和时代性。

2009 年,王家永在对全国部分实施公车试点改革城市深入调研基础上,形成专题报告,明确提出:在中央未出台统一公车改革政策情况下,大连不宜先行试点。在当前地方政府按照国务院统一要求推行公车改革之际,凸显了建议的准确性,降低了政府施政的政策性风险。

王家永调研成果主要基于实地调研,从职业教育资源整合到推进全域城市化,从加强财源建设到城市出租车管理,他都深入实地广泛开展调查研究,提出了针对性对策建议,克服了"纯学术"成果的不足,具有很强的应用性和可操作性。这一亮点和独特之处,使他受到国内财经界和政府部门的重视和推崇,在各委办局下属事业单位中独树一帜。

2010 年以来,王家永潜心研究大连推进全域城市化政策及落实情况,深入区市县,就实现全域城市化的模式及区域实践进行了几个月的全方位考察,对全域城市化进程中被征地农民社会保障问题、农民市民化转型成本测算和分担机制进行了专业性研究,并提出大连实现全域城市化的着力点和政策取向。2014 年,国务院下发《国家新型城镇化规划》(2014—2020 年),他的前瞻性对策与规划方向契合。有的地方政府和研究机构邀请他帮助制定推进新型城市化思路和政策,实现了社科研究与政府施政的高度融合。

作为一名基层财政科研工作者,王家永基于专业、基于本职,潜心钻研,以独特的视角、坚实的理论、过硬的文笔、踏实的作风,在全国地方政府部门和基层财经战线独树一帜。

致力于将金融理论应用于实践

人物简介 史永东

史永东，男，1968年生，黑龙江省明水县人，经济学博士，博士后。辽宁特聘教授，辽宁省金融工程与风险管理创新团队首席专家，大连市第六批优秀专家和大连市第二批领军人才。现任东北财经大学应用金融研究中心（辽宁省教育厅人文社会科学重点研究基地，独立建制，与学院并行）主任，东北财经大学金融工程研究中心主任。兼任中国金融学年会常务理事，中国金融工程学年会常务理事，金融系统工程与风险管理国际年会常务理事、《金融学季刊》杂志副主编、*Review of Behavioral Finance* 杂志编委等职务。

21世纪初，中国经济终于走出了亚洲金融危机的阴霾，经济形势日趋好转，金融市场也逐渐活跃。这一时期，史永东来到深圳证券交易所从事博士后研究。在拒绝了深交所的诚意挽留后，史永东选择继续留校任教，并收到美国加州大学伯克利分校哈斯商学院邀请，在该校从事为期1年的访问学者工作。

作为辽宁省首批重点研究基地的应用金融研究中心，2013年7月正式独立运行，史永东出任中心主任，全权负责中心的科研、教学及管理工作。经过两年的辛苦工作，应用金融研究中心已成为东北财经大学国际化办学和科研的前沿阵地。执鞭于三尺讲台，为学生授业解惑。在学校考研论坛上，他指导过的学生这样评价他："这是位风趣幽默的老师""很爱听他的课""讲课有意思""学术水平高"……

数学专业出身的史永东教授拥有扎实的数理分析功底与理论建模能力，这无疑为他今后的金融学研究插上了腾飞的"翅膀"。他首次将自然科学研究中的R/S分析方法应用于我国股票市场，分析股票收益的波动规律，对中国证券市场中"收益分布和工期记忆效应""股价波动的分形结构""波动率持续性"等理论命题做了扩展性研究;创新性地提出一种新的国债拍卖方式和"国债拍卖悖论",论证了在国债拍卖实践中采用多价格拍卖(DA)的合理性。

史永东认为,金融市场为人类创造幸福生活提供了一种途径,但金融学理论似乎与金融市场实践存在偏差,这让金融业界及广大投资者倍感费解。为此,史永东教授近年来一直致力于将金融理论应用于金融实践,想方设法让金融学理论"落地""回归实际"。

他领导的学术团队曾与财政部、证监会、上海证券交易所、深圳证券交易所、大连商品交易所等单位合作,针对证券市场风险防范问题进行学术攻关,为上述单位的系统开发、政策制定提供理论支持。其中,"我国多层次资本市场建设研究"课题中主要研究成果,已被深圳证券交易所采纳,并应用到实际交易之中;"内幕交易与市场操纵防范体系研究"的课题成果得到了上海证券交易所的好评,并获得上证联合研究计划优秀成果奖;"证券市场交易费用调整效应"课题的主要成果为我国证券交易印花税的调整提供了理论依据……

以城市人居环境研究为己任

人物简介　李雪铭

李雪铭，男，1964 年生，教授，博士，博士生导师，辽宁师范大学副校长，辽宁省人民政府学科评议组成员，大连市优秀专家，是辽宁师范大学自然地理学学科带头人。我校于 2006 年获批自然地理学博士点。

李雪铭是国内地理学研究人居环境的核心人物之一，长期从事城市人居环境方面的研究，是辽宁师范大学地理学研究城市人居环境学科的带头人。同时兼任中国地理学会城市地理专业委员会副主任和辽宁省地理学会理事长，2009 年获中国地理学会"全国优秀地理科技工作者"称号，2009 年获"辽宁省百千万人才工程"百人层次人选，2012 年荣获"大连市 2010—2011 年度劳动模范"称号，是国务院特殊津贴专家、辽宁省特聘教授。

自然生态环境破坏严重、全球气候极端灾害增多、城市人工环境复杂脆弱等大环境不断促使全球化及地方社会融合、社会阶层分异扩大、个体人格的独立与分化。个人与社会作为城市人居环境主体的参与者、消费者以及使用者，对城市人居环境有适量主动选择权与被动适应或被迫选择权。李雪铭组织建立辽宁师范大学人居环境研究中心，在我国地理学界较早开展了城市人居环境研究，并产生了较大影响。通过数理分析及统计学模型关注客观人居环境的特征，以大连市为实证，解释现实人居环境的综合复杂性以及人居环境主体人类社会的能动性，探讨了人居环境的组成、结构和空间形态演变与城市化之间的关系，揭示了城市人居环境的时序演变规律、空间分异规律及其成因机制。

近年来，李雪铭拓展了人居环境研究尺度，对拟态人居环境、人居环境意象以及社会深层次的人居环境公正问题进行了大量的理论探讨与实证研究。已主持完成 4 项国家自然科学基金项目、1 项教育部人文社科项目、2 项教育部高等学校博士学科点专向研究基金项目、多项辽宁省教育厅基金、团队项目和大连市科技计划项目。多项成果获辽宁省和大连市科学研究成果奖励。在国内外重要刊物发表学术论文70余篇，出版《地理学视角的人居环境》《大连城市人居环境研究》《人居环境的地理学研究——从实证主义到人本主义》学术专著3部，为城市人居环境科学研究及地方经济社会发展做出了积极贡献，并为社会培养了一批优秀专业人才。

作为辽宁师范大学自然地理博士点学科第一带头人，李雪铭教授组织建立了辽宁师范大学人居环境研究中心，团队老中青学者结构合理、科研能力强，并与大连市沙河口区政府、大连市城建局、大连市国土资源发展研究中心、大连环境监测中心、国家海洋环境监测中心、中国气候局国家气候中心等与城市人居环境相关政府部门密切合作、相互培养人才、共享数据资源。

学本求真　回报社会

人物简介　齐鹰飞

齐鹰飞，1975年生，东北财经大学教授、经济与社会发展研究院院长，中国工业经济学会常务理事。主要研究方向为宏观经济理论与政策，在《经济研究》《中国工业经济》《世界经济》《财贸经济》等学术刊物发表数十篇论文，主持国家自然科学基金项目、教育部人文社会科学重点研究基地重大项目等多项，入选辽宁省“百千万人才工程”、辽宁省高等学校优秀人才支持计划、大连市领军人才。

沉稳而富有活力是齐鹰飞教授给人留下的突出印象。繁忙的科研工作和团队管理事务占用了齐鹰飞的绝大部分时间，很多事务的解决需要饱满的精力、严谨的作风和果敢的担当。作为科研团队负责人，必须沉着冷静，带领团队完成各种研究任务；作为学者，必须学本求真，仔细对待研究的每一细节；作为教师，又必须充满激情，引导学生走上探索知识的无尽旅程。通过经济学的“优化思维”，这些多重角色和多目标任务都得以圆满解决。

就任经济与社会发展研究院院长以来，齐鹰飞教授一直秉承“顶天立地”的科研理念，着力打造有特色的新型高校智库。在服务中央决策方面，经济与社会发展研究院承担建设的“经济运行与财政政策研究基地”获批成为首家财政部部省共建智库试点机构。在服务地方经济社会发展方面，齐鹰飞教授带领团队围绕国家“一带一路”倡议和新一轮东北振兴等重大问题开展了大量研究工作，为各级政府提供了大量研究成果和决策建议，相关成果先后得到辽宁省委省政府和大连市委市政府主要领导批示，部分建议直接被各地方综合和专项发展规划采纳。在采访中，齐鹰飞教授也满怀信心地表示，东北财经大学在服务经济社会发展的智库建设工作上基础雄厚、起步较早，有能力立足学术、服务决策，为国家和地方的重大决策提供更坚实的学理支撑。

作为一名学者,齐鹰飞教授注重将现代经济学的前沿理论同中国经济实践相结合,始终把握经济波动和宏观经济政策研究的国际前沿进展,立足于中国宏观经济政策制定所面临的客观环境,就经济波动成因以及货币政策效应等问题提出独到见解。特别是,齐鹰飞教授紧密结合中国短期通货膨胀动态的经验特征,在短期通货膨胀动态理论发展和实证检验方面均取得创新性成果,先后荣获教育部高等学校科学研究优秀成果奖三等奖、辽宁省哲学社会科学成果奖一等奖、辽宁省自然科学学术成果奖一等奖等奖励。

尽管科研和团队管理任务繁重,齐鹰飞教授一直以教书育人为己任,坚持在第一线从事教学工作。他注重将新近发展的教育理念融入经济学教育,强调情境式认知和问题解决式学习,曾两度获评"东北财经大学毕业生心目中最有影响力恩师"并荣获霍英东教育基金第十三届青年教师奖。

科研路上的领跑者

人物简介 汪旭晖

汪旭晖，男，汉族，1976年生，中共党员，2005年于东北财经大学获管理学博士学位，2005—2007年在清华大学经济管理学院从事博士后研究工作，曾留学丹麦（国家公派访问学者）。现任东北财经大学工商管理学院副院长，教授，博士生导师。入选教育部新世纪优秀人才、辽宁省特聘教授、辽宁省百千万人才工程百人层次、辽宁省高等学校优秀人才、大连市领军人才、大连市优秀专家、辽宁省青年社科人才、霍英东青年教师基金获得者。中共辽宁省委省政府决策咨询专家，大连市人民政府智库特聘专家，大连市青联委员，大连市高校青年教师联盟副主席，YBC（Youth Business China，中国青年创业国际计划）导师等。

33岁时就被破格晋升为教授，入选教育部新世纪优秀人才、辽宁省特聘教授，兼任中国商业经济学会青年分会会长，中国市场学会流通学术委员会副秘书长，中国物流学会常务理事，中国流通三十人论坛（G30）专家，中国管理现代化研究会营销专委会常务理事，辽宁省高等学校物流管理与工程类专业教学指导委员会副主任委员……谁能想到这是一位博士毕业后才不到十年的年轻人所取得的成就。

汪旭晖的研究涉及市场营销、服务管理、物流管理，尤其是在零售管理、互联网＋传统产业、全渠道营销、冷链物流等领域颇有建树，在行业内有着较大学术影响力。公开出版专著或参编教材达十余部。他主持了国家、省部级课题30余项，其中包括主持国家自然科学基金项目3项，主持国家社会科学基金项目、教育部人文社科项目、霍英东青年教师基金项目、财政部项目、中国博士后科学基金项目、辽宁省教育厅项目、辽宁社科基金重点项目、辽宁省高等学校创新团队项目、大连市科技计划项目等。汪旭晖的许多成果都立足于国际前沿，达到了国际先进、国内领先的水平，具有重大的理论价值与现实意义，为各级流通、商业主管部门提供了决策参考,为大型流通企业的高层决策提供了参考建议,对助推辽宁乃至全国现代服务业的发展发挥了重要作用。荣获2015年度中国人文社科最具影响力青年学者、建国60年影响中国流通发展与改革优秀人物奖、建国65周年影响中国流通发展与改革优秀著作奖、商务部"全国商务发展研究成果奖"三等奖、中国服务业科技创新奖二等奖、全国商业科技进步奖二等奖、辽宁省哲学社会科学成果奖二等奖、辽宁省自然科学学术成果奖一等奖、大连市社会科学进步奖一等奖、大连市青年科技奖等奖励或荣誉40余项。作为负责人主持的《流通概论》课程获评教育部首批国家级精品资源共享课。

2003—2004年,汪旭晖赴南丹麦大学留学,搜集并整理了大量专业研究资料及专业软件,为归国开展课题研究打下了坚实基础;2007年,赴日本小樽商科大学进行学术访问;2011年,先后赴台湾世新大学、韩国忠南大学等进行学术交流。这些访问经历进一步拓展了他的科研视野,也推动了所在学科的国际化进程。

2005—2007年,汪旭晖曾赴清华大学经济管理学院从事博士后研究工作,全面系统地学习了国内外先进的营销研究方法,并将其带回学校加以推广,推动了东北财经大学相关学科研究的规范性发展。他常说:"勤能补拙,要成功,就得付出比别人多几倍、几十倍的汗水。"在担任工商管理学院副院长以后,他没有因为烦琐的行政工作而疏于科研,反而更加努力,争分夺秒,力争在科研上做到卓越。他的工作时间,就在于别人认为不是时间的时间。在深夜、在周末、在节假日,甚至在年夜……

他常常教导自己的研究生:"读研期间最重要的便是研究能力的培养,无论将来从事什么工作,科学思维和科学方法的训练,都是有用的。"他的学生在其悉心指导和严格要求下都拥有较强的科研和工作能力,大多数学生在读研期间都发表过两篇以上的高水平学术论文,并屡次获得国家奖学金。

潜心搞科研　为企业发展攻坚克难

人物简介　唐加福

唐加福，1965年生，教授、博士生导师、长江学者奖励计划特聘教授、国家杰出青年科学基金获得者、国家自然科学基金委创新研究群体负责人。现任东北财经大学管理科学与工程学院院长、特聘教授、学科带头人。兼任中国系统工程学会物流系统工程专业委员会副主任、中国管理科学与工程学会常务理事、中国系统工程学会常务理事等职务。

谦逊、平和、儒雅的学者形象，是唐加福教授给记者的第一印象。而翻开唐加福的简历，则让人钦佩不已：1999年东北大学系统工程学科博士毕业，当年就破格晋升副教授，2002年破格晋升教授，2004年遴选为博士生指导教师。曾入选教育部新世纪优秀人才支持计划、教育部优秀青年教师资助计划，国家杰出青年科学基金获得者、长江学者奖励计划特聘教授……

一系列成绩和荣誉的取得，与唐加福在学术上潜心钻研、在工作中勇挑重担密不可分。尤其在企业科技攻关和技术服务方面，唐加福以高水平学术研究为企业实际生产运作与管理服务，为企业实际运作中的管理与决策难题提供技术和方法支持。他先后承担马鞍山钢铁公司“大型钢铁联合企业管理信息系统示范工程”、太原钢铁集团机修公司“冷轧辊生产过程数据管理系统”等企业项目，为企业发展做出了很大贡献。

近年来，唐加福作为项目负责人获得并主持国家创新研究群体科学基金、国家杰出青年科学基金、国家自然科学基金国际合作重点项目、面上项目及青年科学基金4项。围绕模糊优化理论与软计算方法、生产管理与物流运作优化、企业信息化管理与集成技术、新产品开发过程规划与管理等研究，唐加福发表学术论文150篇，目前已被SCI收录65篇、EI收录100篇。

“身为领导的他，给人的感觉是威严、正直又很有人情味；而身为导师和学者的他，则让人感到博学而谦逊……”一位东财研究生这样评价唐加福。

2013 年担任管理科学与工程学院院长以来，唐加福团结带领学院同志在教学、科研及学科建设方面取得了多项突破性的成绩。在广泛调研和分析的基础上，他提出学院建设与发展的总体思路，即以管理科学与工程博士点建设为核心，以实施学科建设项目为契机，以提高博士点的整体实力和水平为目标，进一步凝练学术方向；教学科研并重，强化管理、推进改革，全面提高学院教学、科研和人才培养的水平和质量，推进学院可持续、健康、协调、快速发展。

在教书育人方面，特别是在研究生的培养方面，唐加福既严格要求学生，又关心他们的生活和进步，积极创造条件和搭建桥梁，2013 年以来先后推荐硕士和博士研究生 10 人次到日本、美国和中国香港的大学进行学术合作研究、联合培养和攻读博士学位。目前，唐加福已培养毕业博士生 25 人，硕士生 60 余人。

专注于海商法研究的“海大人”

人物简介 韩立新

韩立新，1967 年 7 月生，大连海事大学法学院副院长、法学博士、教授、博士生导师，日本早稻田大学海法研究所特邀研究员，最高人民法院指导性案例专家委员会委员，《中国海商法研究》副主编。辽宁省第一届十大杰出中青年法学专家。第六届全国十大杰出青年法学家候选人。“辽宁省高等学校优秀人才支持计划”入选者。全国交通企(事)业单位先进法律工作者。

韩立新教授对海商法教学和科研的热衷和坚守与她的学习经历密切相关。她的学士、硕士和博士学位均在大连海事大学获得，她笑称自己是大连海事大学培养出来的土生土长(对如今的大量留学人员而言)的“海大人”。她回忆说，1985 年高考报志愿时她填报的是计算机专业，招生时被调到“国际海事”(现在为“海商法”)专业，有幸成为学校的第一届海商法本科生，也很幸运留校做了一名教师，从此开始了与海商法教学、科研的不解之缘。

作为一名高校教师，她时刻深感责任重大，无论对待科研、授课还是指导学生，都是一丝不苟，认真负责。在进行的科研项目中，注重理论创新和实践的应用，例如，韩教授作为主要成员完成的交通部项目“修改《中华人民共和国海商法》的研究”、“《联合国统一海上货物运输公约》研究”等课题的研究成果为交通部制订、修改海商法律、航运政策提供了重要理论支持和参考借鉴作用；作为负责人完成的“五点一线”沿海经济带建设海洋开发利用与管理法律问题研究成果被省法学会作为决策信息提供给省主管部门；“关于抓紧起草《辽宁省循环经济促进条例》的几点建议”得到省里重视。

韩教授作为专家多次参加国际海事组织和国际海事委员会的国际公约制定会议；为《中华人民共和国港口法》《中华人民共和国航道法》《中华人民共和

国船员条例》、无单放货、船舶碰撞、船舶油污等司法解释提供修改、咨询意见等，为我国海事法律法规的健全、完善做出了一定贡献。其 20 多年在海商法学术上的成长见证了中国海商法的发展。

韩立新教授从 1999 年指导研究生至今，作为导师已指导研究生约 200 名，指导博士研究生 18 人(包括留学生 3 人)，已毕业博士生 9 人。她作为课程负责人为本科生讲授的"海商法"课程在 2003 年被评为省级精品课；为研究生讲授的"海商法"2012 年被评为辽宁省研究生精品课程。在从事本科教学过程中，自编了《海事国际私法》，合著了《海商实用英语》《航运业务与海商法》《海事诉讼与仲裁》《海事法》等高水平、有特色、版本新的教材，解决了学生急需教材的实际问题，而且，这些教材均获得了大连市政府授予的优秀著作奖。

致力于港航物流系统优化

人物简介　靳志宏

靳志宏，1963 年生，中共党员，工学博士，教授，博士生导师，大连海事大学交通运输管理学院院长。先后就职于中国东北大学、日本名古屋工业大学，现任职于大连海事大学。2007 年入选辽宁省“百千万人才工程”百层次人才，2009 年获得世界著名科技论文出版社 *Elsevier Economics Journals Award*（Elsevier 经济学杂志奖）；2010 年出版的学术专著《集装箱支线运输决策支持技术与方法》获评首届辽宁省优秀自然科学专著；另一部学术专著《物流调度与协调》获得中国“物华图书奖”三等奖；2012 年获得中国物流发展专项基金宝供物流二等奖；2014 年获得大连市归国留学创业英才称号。

靳志宏教授长期从事物流系统优化方面的研究，目前担任的主要学术及社会兼职包括：教育部高等学校物流管理与工程类专业教学指导委员会委员、全国工程硕士专业学位教育指导委员会“物流工程”协作组东北片片长、辽宁省物流管理与工程类专业教学指导委员会主任委员、辽宁省管理科学研究会副理事长、辽宁航海学会物流专业委员会主任、中国物流学会常务理事、辽宁航海学会理事、辽宁省委省政府中青年决策咨询专家。同时兼任辽宁省普通高等学校本科示范性专业以及辽宁省优势特色专业“物流工程”负责人、辽宁省重点实验室“航运物流系统工程实验室”副主任、大连海事大学“物流系统工程研究中心”主任。*International Journal of Logistics & SCM Systems* 地区主编；*International Journal of Shipping and Transport Logistics* 编委等。

近年来，靳志宏作为项目负责人，先后主持完成和正在承担共计 12 项纵向课题：包括 4 项国家自然科学基金项目、2 项教育部项目、2 项交通运输部项目以及 4 项辽宁省及大连市级科技项目等。基于上述研究项目的理论与实践积累,逐步形成了一套将生产物流领域的混合流水线调度理论应用于港航物流领域的理论体系,并结合实际开发港口物流作业调度系统。此外,结合港航物流领域的实际,创新性提出了港航物流领域的“切换后效性”理论,并将其应用于优化集装箱码头堆场的翻箱作业,为解决困扰我国集装箱码头的翻箱率居高不下的老大难问题探索了一条新途径。

近百篇学术论文发表在英文重要期刊、日文权威期刊以及中文顶级期刊上:《系统工程理论与实践》《计算机集成制造系统》《交通运输工程学报》《控制与决策》《系统工程学报》《中国管理科学》《中国航海》等。

附　　录

附录一

大连市人民政府办公厅关于公布大连市第二批领军人才培养工程人选名单的通知

大政办发〔2015〕16号

各区、市、县人民政府，各先导区管委会，市政府各委办局、各直属机构：

为加大我市高层次人才培养力度，努力造就一支具有全国乃至世界一流水平的领军人才队伍，根据《大连市领军人才培养工程实施办法》，市人社局会同市委组织部开展了大连市第二批领军人才培养工程人选选拔工作。经推荐、评审和公示，并经市政府批准，孙振生等105名专业技术人才入选大连市第二批领军人才培养工程。现将名单予以公布。

希望领军人才培养工程入选者继续发扬求真务实的科学精神，加强自身的理论学习和实践锻炼，不断提高个人及团队的学术技术水平和创新创业能力，努力成为勤勉钻研的先锋、开拓创新的表率和勇于实践的榜样，为大连经济社会发展做出新的更大贡献。各地区、各部门、各单位要把领军人才培养工程人选作为重点培养对象，结合实际制定切实可行的培养目标和培养措施，通过支持他们承担重大课题、参与项目管理决策、开展研修交流活动等方式，为其成长创造更加有利条件；要充分发挥他们在科技创新、决策咨询、团队建设等方面的示范和引领作用，不断提升全市自主创新能力，为大连赢得振兴发展新优势、开创各项事业新局面提供有力支持。全市各行业广大专业技术人员要以领军人才为榜样，练就过硬本领，勇于开拓创新，在各自工作领域和岗位上，为我市加快建设产业结构优化的先导区和经济社会发展的先行区建功立业。

大连市人民政府办公厅

2015年4月1日

（此件公开发布）

大连市第二批领军人才培养工程人选名单

（共计 105 人）

1 孙振生 瓦房店轴承集团有限责任公司副总工程师、高级工程师
2 刘恩清 中国第一重型机械集团大连加氢反应器制造有限公司副总裁、研究员级高级工程师
3 多丽萍 中国科学院大连化学物理研究所研究员
4 关天民 大连交通大学副校长、教授
5 陈文武 中国科学院大连化学物理研究所正高级工程师
6 张文瑞 大连华锐重工集团股份有限公司教授研究员级高级工程师
7 张红岩 松下制冷(大连)有限公司高级工程师
8 李　刚 大连理工大学教授
9 杨一帆 松下冷链(大连)有限公司教授研究员级高级工程师
10 杨宥人 大连橡胶塑料机械股份有限公司副总经理兼总工程师、教授研究员级高级工程师
11 郑君民 大连光洋科技集团有限公司副总经理、教授研究员级高级工程师
12 郭方准 大连齐维科技发展有限公司董事长、教授
13 郭　旭 大连理工大学教授
14 黄树林 大连橡胶塑料机械股份有限公司教授研究员级高级工程师
15 褚金奎 大连理工大学教授
16 尹松鹤 中国华录集团有限公司董事兼副总经理、高级工程师
17 付先平 大连海事大学教授
18 刘治国 大连大学教授
19 吕俊军 中国船舶重工集团公司第七六〇研究所研究员
20 孙文强 大连贝斯特电子有限公司总经理、教授
21 孙希明 大连理工大学教授

22　李桂娟　中国船舶重工集团公司第七六〇研究所研究员
23　李克秋　大连理工大学教授
24　张东辉　中国科学院大连化学物理研究所研究员
25　简国栋　东软集团(大连)有限公司副总裁、高级工程师
26　薛　杨　乐辰科技(大连)有限公司董事长
27　于永海　国家海洋环境监测中心研究员
28　田志坚　中国科学院大连化学物理研究所研究员
29　关英华　大连造船厂集团有限公司副总工程师、高级工程师(研究员级)
30　刘彦呈　大连海事大学教授
31　曲天威　中国北车集团大连机车车辆有限公司总工程师、教授级高级工程师
32　许　磊　中国科学院大连化学物理研究所研究员
33　伊廷华　大连理工大学教授
34　朱立岩　大连港口建设监理咨询有限公司总经理、高级工程师
35　李海洋　中国科学院大连化学物理研究所研究员
36　张恩国　大连造船厂集团有限公司副总设计师、高级工程师(研究员级)
37　姜福茂　大连造船厂集团有限公司副总工程师、高级工程师(研究员级)
38　高永强　大连中远船务工程有限公司总经理、高级工程师(研究员级)
39　田　晶　大连工业大学教授
40　吕国忠　大连民族学院教授
41　吴　斌　辽宁出入境检验检疫局研究员
42　迟世春　大连理工大学教授
43　周　玮　大连海洋大学教授
44　金　梅　辽宁师范大学教授
45　赵　文　大连海洋大学教授
46　梁　峻　獐子岛集团股份有限公司执行总裁、高级工程师
47　解　明　辽宁省经济林研究所副所长、教授研究员级高级工程师
48　刘洪春　中冶焦耐工程技术有限公司副总工程师、教授级高级工程师
49　李微雪　中国科学院大连化学物理研究所研究员
50　陆安慧　大连理工大学教授

51 邵志刚 中国科学院大连化学物理研究所研究员
52 杨启华 中国科学院大连化学物理研究所研究员
53 侯中军 新源动力股份有限公司副总经理兼总工程师、教授研究员级高级工程师
54 赵 毅 大连保税区科利德化工科技开发有限公司董事长、高级工程师
55 夏 威 大连路明发光科技股份有限公司教授研究员级高级工程师
56 梁肃臣 中昊光明化工研究设计院有限公司院长助理兼副总工程师、教授级高级工程师
57 弓晓杰 大连大学教授
58 毛希琴 大连市产品质量监督检验所副总工程师、高级工程师
59 安庆大 大连工业大学副校长、教授
60 张丽华 中国科学院大连化学物理研究所研究员
61 陈光文 中国科学院大连化学物理研究所研究员
62 尚德静 辽宁师范大学教授
63 赵 静 大连知微生物科技有限公司董事长、教授研究员级高级工程师
64 秦建华 中国科学院大连化学物理研究所研究员
65 黄 岚 大连万春生物技术有限公司董事长
66 麻彤辉 大连医科大学教授
67 彭金咏 大连医科大学教授
68 马国武 大连医科大学教授
69 尹 琳 大连医科大学附属第二医院主任医师、教授
70 李 戈 大连市中医医院副院长、主任中医师
71 刘丕旭 大连医科大学教授
72 孙长凯 大连医科大学主任医师、教授
73 杜建玲 大连医科大学附属第一医院主任医师、教授
74 邵淑娟 大连医科大学教授
75 杨玉龙 大连大学附属中山医院主任医师
76 张卫国 大连医科大学附属第一医院副院长、主任医师、教授
77 张跃伟 大连大学附属中山医院主任医师
78 林洪丽 大连医科大学附属第一医院主任医师、教授

79 尚　东　大连医科大学附属第一医院主任医师、教授
80 段志军　大连医科大学附属第一医院主任医师、教授
81 姜一农　大连医科大学附属第一医院主任医师、教授
82 闻庆平　大连医科大学主任医师
83 赵作伟　大连医科大学附属第二医院院长、主任医师、教授
84 梁晓华　大连市血液中心副主任、主任医师
85 王　冰　大连教育学院中学高级教师
86 王大智　大连外国语大学教授
87 王振芬　旅顺博物馆馆长、研究馆员
88 付寒松　大连广播电视台高级记者
89 李　红　辽宁师范大学副校长、教授
90 刘　宏　大连外国语大学副校长、教授
91 孙文阁　大连广播电视台高级记者
92 邱明辉　大连交通大学教授
93 宫福清　辽宁师范大学党委书记、教授
94 赵纪军　大连理工大学教授
95 耿　聆　大连新商报社总编辑、高级编辑
96 王家永　大连市财政科学研究所副所长、副研究员
97 史永东　东北财经大学教授
98 李雪铭　辽宁师范大学副校长、教授
99 齐鹰飞　东北财经大学教授
100 朱庆华　大连理工大学教授
101 汪旭晖　东北财经大学教授
102 赵进文　东北财经大学教授
103 唐加福　东北财经大学教授
104 韩立新　大连海事大学教授
105 靳志宏　大连海事大学教授

附录二

关于开展第二批大连市领军人才选拔工作的通知

大人社发〔2013〕145 号

各区、市、县、先导区人力资源和社会保障(劳动人事)局,各有关单位:

根据《大连市领军人才培养工程实施办法》(大政办发〔2011〕39 号)规定,决定启动第二批大连市领军人才选拔工作。现将有关事宜通知如下:

一、选拔对象和名额

(一)本市行政区域内各类企事业单位中的专业技术人才,符合《大连市领军人才培养工程实施办法》规定条件的,均可参加选拔。

(二)第二批领军人才的选拔名额为 100 名左右,领军后备人才的选拔名额为 200 名左右。

二、选拔原则

(一)坚持标准,保证质量。严格按照规定的选拔条件进行遴选,注重考察其专业水平、培养潜力、领军作用、创新成果和社会贡献,确保我市领军人才队伍的质量。

(二)突出重点,优化结构。紧紧围绕我市经济社会重点发展的领域和优势学科进行选拔,进一步拓宽选拔视野,扩展专业布局,优化我市领军人才队伍结构。

(三)公开公正,竞争择优。在选拔过程中,要及时公开选拔工作信息,严格规范选拔工作程序,充分发挥同行专家在选拔工作中的作用,确保选拔结果具有权威性和公正性。

三、选拔条件

(一) 参选领军人才,应是 1963 年 1 月 1 日之后出生的人员,一般应具有研究生学历、高级专业技术职务,具有"两院院士"提名资格的人员可适当放宽年龄。“两院院士”和大连市首批领军人才培养工程人选不参选。参选领军后备人才，应是1973年1月1日之后出生的人员，一般应具有研究生学历、中级及以上专业技术职务。

（二）参选领军人才的人员还应具备下列条件之一：

1.国家“千人计划”人选，长江学者特聘教授，国家杰出青年基金获得者，中国科学院“百人计划”入选者；

2.享受国务院特殊津贴的专家，“新世纪百千万人才工程”国家级人选和辽宁省“百千万人才工程”百人层次人员；

3.省级以上重点学科、重点实验室、工程研究(技术)中心的学术技术带头人；

4.省部级以上重大科研项目和重大工程项目的主持人；

5.国家级科学技术奖、省部级科学技术二等奖以上或市级科学技术一等奖的前两名完成者；

6.主持并完成省级以上重点理论研究课题或项目，在国内核心刊物、国际重要学术刊物上发表了具有一定学术价值的论文或出版了产生广泛影响的专著；

7.具有深厚的学术造诣或突出的专业能力，其学术研究成果或工作业绩获得省部级以上奖励，有较高的社会知名度和影响力的社会科学和文化艺术领域的专门人才；

8.有重大发明创造、重大技术革新或解决关键性技术难题，在新技术、新工艺、新方法推广中业绩突出，创造显著经济效益或社会效益；

9.在国内处于领先水平的其他领域高层次人才。

四、选拔程序

(一)个人申报。参评领军人才和领军后备人才，须由本人向所在单位提出申请，由所在单位统一推荐申报。无工作单位的个人或自由职业者，须向户籍所在区市县(含先导区，下同)人力资源和社会保障部门申报，由当地人力资源和社会保障部门统一推荐申报。

(二)单位推荐。推荐单位须根据规定的选拔条件和本单位的人才培养计划，确定推荐人选。严格按照《大连市领军人才申报材料要求》(详见附件1)制作材料，组织填写《大连市领军人才申报表》和《大连市领军人才推荐人选一览表》(详见附件2和附件3),并提供相关证明材料。之后,按照单位隶属关系向其行业主管部门或所在区市县人力资源和社会保障部门申报。其中,区市县属企事业单位和无主管部门的单位应向所在地区人力资源和社会保障部门申报;市属企事业单位应向其行业主管部门申报;市直事业单位和驻连中省属单位可直接向市人力资源和社会保障局申报。

(三)主管部门或区市县人力资源和社会保障部门审核。各行业主管部门,各区市县人力资源和社会保障部门可采取专家评审、公开竞争、组织考核等多种形式,对申报人选进行评估审核,经领导班子或领导小组集体研究审议后,确定本地区、本部门的领军人才推荐人选,并在一定范围内公示后,汇总填报《大连市领军人才推荐人选一览表》(需排名),同时,将推荐工作情况形成书面报告上报市人力资源和社会保障局。

(四)资格审查。市人力资源和社会保障局将按照规定的选拔条件,对上报的推荐人选进行资格审查,经审查符合条件的人选再提交评委会评审。

(五)评委会评审。市人力资源和社会保障局按照推荐人选的不同专业,组建相应的专家评审委员会,按照规定的评审规则,遴选出领军人才候选人。

(六)市政府审定。领军人才候选人经市人才工作协调小组办公室审核同意后,通过网站等媒体向社会公示。经公示无异议的报市政府审定。

领军后备人才的选拔工作,应按照个人申报、单位推荐、主管部门或区市县人力资源和社会保障部门审定、市人力资源和社会保障局审查备案的程序进行。

五、工作要求

(一)加强领导,精心组织。各地区、各部门要把领军人才队伍建设作为实施人才强市战略的一项重要举措,切实加强组织领导,严格按照选拔的原则、条件和程序,积极组织和发动所属单位中符合条件的人员进行申报,真正把我市重点领域中具有领先水平且有较大培养潜力的优秀人才选拔出来。同时,要注意把推荐领军人才与本单位人才培养计划结合起来,不断推动本地区、本单位高层次人才队伍建设。

(二)严格审核,保证质量。各地区、各部门要认真履行审核职责,积极采取专家评审等方式开展审核工作,严格按照领导班子或领导小组集体审定的程序确定推荐人选。要认真做好推荐人选相关材料的报送工作,确保推荐人选质量。

（三）统筹兼顾，注重长远。各地区、各部门要注重领军人才队伍的梯队建设，在做好领军人才推荐工作的同时，认真做好领军后备人才的选拔工作。要严格条件，精心筛选，公平公正地确定领军后备人才人选。经各地区和各部门确定的领军后备人才人选，须填写《大连市领军后备人才登记表》和《大连市领军后备人才一览表》（详见附件4和附件5），报市人力资源和社会保障局核准备案。各地区、各部门推荐的40周岁以下领军人才人选，可同时列为领军后备人才人选。

请各地区、各部门将申报材料于2013年9月2日至13日期间（请提前联系确认具体报送时间），报送至市人力资源和社会保障局专业技术人员管理处。

联系人：肖向晖；联系电话（传真）：88139039；电子邮箱：83600751@163.com；办公地址：沙河口区联合路100号513室。

附件：1.大连市领军人才申报材料要求

2.大连市领军人才申报表

3.大连市领军人才推荐人选一览表

4.大连市领军后备人才登记表

5.大连市领军后备人才一览表

附录三

大连市人民政府办公厅关于印发
大连市领军人才培养工程实施办法的通知

大政办发〔2011〕39号

各区、市、县人民政府，各先导区管委会，市政府各委办局、各直属机构，各有关单位：

经市政府同意，现将《大连市领军人才培养工程实施办法》印发给你们，请认真组织实施。

二〇一一年四月六日

大连市领军人才培养工程实施办法

第一章 总 则

第一条 为加大高层次专业技术人才培养力度，努力培养造就一支在国内乃至国际上具有领先水平的创新型领军人才，根据《大连市中长期人才发展规划（2010—2020 年）》（大委发〔2010〕23 号文件印发）和《大连市加强高层次专业技术人才队伍建设的若干意见》（大政发〔2009〕20 号文件印发）规定，特制定本实施办法。

第二条 本办法所称大连市领军人才，是指在我市自然科学和社会科学的理论研究或实践应用方面具有较强的自主创新能力，发展潜力较大、专业贡献突出、引领作用显著、团队效应明显的高层次专业技术人才。

第三条 根据我市高层次专业技术人才队伍建设的总体目标，力争用 10 年时间，在我市重点发展的产业、行业或领域中选拔 500 名左右的领军人才和 1000 名左右的领军后备人才。通过构建政府、社会和单位共同投入、共同培养的开发模式，努力造就一支具有示范带头作用，能够带动我市相关行业、产业或专业处于全国乃至世界一流水平的领军人才队伍。

第四条 领军人才培养工程的组织实施工作，在市人才工作协调小组领导下，由市人力资源和社会保障局负责具体组织实施。各区市县、行业主管部门负责本地区、本行业领军人才的推荐与考核管理。领军人才所在单位负责本单位领军人才的使用、培养、保障和日常管理。

第二章 选 拔

第五条 大连市领军人才选拔的范围和对象是，在大连市行政区域内的各类企事业单位及依法设立的社会团体中工作的专业技术人员。选拔工作每 2 年开展一次，每次选拔名额为 100 名左右。

第六条 参选大连市领军人才的人员，一般应具有研究生学历、高级专业技术职务、年龄为 50 周岁以下。具有中国科学院、中国工程院院士提名资格的人选，年龄可适当放宽并优先列入领军人才。中国科学院院士和中国工程院院士不参选。

第七条 参选大连市领军人才的人员还应具备下列条件之一：

(一)国家“千人计划”人选，长江学者特聘教授，国家杰出青年基金获得者，中国科学院“百人计划”入选者；

(二)享受国务院特殊津贴的专家，“新世纪百千万人才工程”国家级人选和辽宁省“百千万人才工程”百人层次人员；

(三)省级以上重点学科、重点实验室、工程研究(技术)中心的学术技术带头人；

(四)省部级以上重大科研项目和重大工程项目的主持人；

(五)国家级科学技术奖、省部级科学技术二等奖以上或市级科学技术一等奖的前两名完成者；

(六)主持并完成省级以上重点理论研究课题或项目，在国内核心刊物、国际重要学术刊物上发表了具有一定学术价值的论文或出版了产生广泛影响的专著；

(七)具有深厚的学术造诣或突出的专业能力，其学术研究成果或工作业绩获得省部级以上奖励，有较高的社会知名度和影响力的社会科学和文化艺术领域的专门人才；

(八)有重大发明创造、重大技术革新或解决关键性技术难题，在新技术、新工艺、新方法推广中业绩突出，创造显著经济效益或社会效益；

(九)在国内处于领先水平的其他领域高层次人才。

第八条 大连市领军人才应按以下程序进行推荐和选拔：

(一)个人申报。拟参评人员，应向所在单位提出申请，以单位名义进行推荐。无工作单位的个体工商户或自由职业者如参评，可以所在地区人力资源和社会保障部门为推荐单位进行申报。

(二)单位推荐。推荐单位应按照规定的选拔条件和本单位的人才培养计划，确定推荐人选，并按照单位隶属关系向其行业主管部门或所在地区人力资源和社会保障部门申报。其中，市属国有企事业单位应向其行业主管部门申报；区市县属国有企事业单位和无主管部门的单位应向所在地区人力资源和社会保障部门申报；市直事业单位和在连中省直单位可直接向市人力资源和社会保障局申报。

(三)主管部门或区市县审核。各有关行业主管部门、区市县人力资源和社会保障部门可采取专家评审、公开竞争、组织考核等多种形式对推荐人选进行评估,提出本部门、本地区领军人才推荐名单,并通过一定渠道进行公示后报市人力资源和社会保障局。

(四)资格审查。由市人力资源和社会保障局负责按照规定的选拔条件,对推荐人选进行资格审查。符合条件的人选方可提交评委会进行评审。

(五)评委会评审。由市人力资源和社会保障局按照参评人员的不同专业,负责组建相应的专家评审委员会,并坚持公平公正的原则组织开展评审工作,遴选出领军人才候选人。

(六)市政府审定。领军人才候选人经市人才工作协调小组审核同意后,通过相关媒体向社会进行公示。经公示无异议的人选报市政府审定,并颁发证书。

第三章 培 养

第九条 领军人才的培养周期,原则上为 3 年。如领军人才承担了国家级重大课题或项目,可根据项目周期适当延长。

第十条 对领军人才的培养,要建立政府引导、单位为主、个人自愿的培养机制。领军人才所在单位要结合培养周期和领军人才实际,制定年度和终期培养计划,并按照培养计划抓好各项培养措施的落实和计划实施情况的监督检查工作。

第十一条 领军人才的培养方式应坚持理论培训与实践锻炼相结合,以实践锻炼为主、以创新项目为载体。

(一)承担项目。要积极创造条件让领军人才主持或参与本单位、部门或地区的重点科研课题、科研或工作项目,在实践中进行培养锻炼。鼓励和支持他们申报承担国家或地方重大科研、工程项目。引导他们积极开展创新性研发,其主持的课题或项目符合我市产业与科技发展方向的,市自主创新专项资金给予优先支持。

(二)团队建设。切实围绕领军人才加强创新团队建设。鼓励领军人才自主组建团队,在人员配备、设备配置、经费使用等方面充分尊重领军人才的自主权。允许领军人才在遵守国家法律、尊重知识产权的前提下,打破所有制和地域限制,聘用"柔性流动"人员和兼职科研人员来优化团队结构。

(三)研修交流。有计划、有重点地选送领军人才到境内外著名研究机构、一流大学和知名企业进行研修深造。鼓励领军人才参加国际和国内重大学术会议,使其进一步拓宽视野,提高参与国际竞争能力。要充分发挥党校等培训机构的作用,举办形式多样的培训和交流活动,不断提高他们的政治业务和思想道德素质,提升其创新意识和创新能力。

(四)平台建设。鼓励各部门、各单位以领军人才及其团队为支撑,重点建设一批国家级、省级重点科研机构、企业博士后科研工作站(科研基地)、实验室、工程技术研发中心、企业技术中心、产业示范基地、文化艺术基地等平台,并依托这些平台培养出更多优秀人才,形成良好的人才培养互动机制。

(五)社会实践。积极吸纳领军人才参与大连公共事务决策、重大建设项目论证等活动,更好地发挥他们在政策制定、投资决策、城市规划等方面的咨询作用。鼓励和组织领军人才及其团队到企业、农村等生产一线开展技术支持、科技帮扶、咨询服务等活动,发挥其在科技、管理等方面的引领作用。

第十二条 实施领军人才项目资助。根据领军人才培养的实际需要,市政府将每年拿出一定额度的资金,对领军人才开展的创新研发、研修交流等活动实施资助。资助的项目分为创新研发类、研修培训类和学术交流类 3 类。其中,创新研发类资助最高额度为 30 万元,研修培训类资助最高额度为 15 万元;学术交流类资助最高额度为 5 万元。项目资助实行择优资助的办法,根据领军人才申报的项目确定资助对象和资助额度。资助经费主要用于仪器设备、能源材料(试剂)、分析试验、出版著作、发表论文、知识产权事务、资料、印刷、人员劳务、会议、调研、差旅、培训等费用的支出。获得项目资助的人员,其所在单位应按不低于 1∶1 的比例匹配配套资金。

第四章 考核管理

第十三条 建立领军人才考核制度。采取年度考核与终期考核相结合的办法,重点考核其创新能力、贡献业绩、领衔作用、人才培养和团队建设等内容。年度考核工作由领军人才所在单位根据培养计划组织实施,并将考核结果报行业主管部门或所在地区人力资源和社会保障部门备案。终期考核工作由主管部门或各地区人力资源和社会保障部门负责,考核结果报市人力资源和社会保障局备案。

第十四条　实行领军人才动态管理制度。对做出重大贡献、业绩突出的领军人才及其团队，将给予更大支持；考核结果较差或不合格的领军人才及其团队，由领军人才所在单位督促其查找原因，及时整改；不适合作为领军人才继续培养的，由行业主管部门或所在区市县人力资源和社会保障部门提出调整意见，经市人力资源和社会保障局审核后，报市人才工作协调小组核准，取消其领军人才称号。

第十五条　加强领军人才的服务与管理，妥善解决好他们在工作和生活中存在的困难和问题，为其创造良好的工作生活条件。要将入选的领军人才纳入全市高级专家库，在其申报政府特殊津贴、省市优秀专家和"百千万人才工程"等人选时，予以优先推荐。

第十六条　积极开展领军人才先进事迹的舆论宣传工作，大力宣传领军人才及其团队在我市经济社会发展中做出的重要贡献，树立领军人才典型，打造领军人才团队品牌，增强他们的成就感和责任感，激发其进取精神和创新意识，营造"尊重劳动、尊重知识、尊重人才、尊重创造"的良好社会环境。

第五章　附　则

第十七条　领军后备人才与领军人才的选拔工作同步进行，有关选拔条件等事宜由市人力资源和社会保障局会同有关部门另行制定。

第十八条　各地区、各有关部门应根据本办法的要求，结合实际，研究制定本地区和部门领军人才和领军后备人才的具体培养办法，并报市人力资源和社会保障局备案。

第十九条　本办法由大连市人力资源和社会保障局解释。

第二十条　本办法自下发之日起实施。